일러두기

절영로에 관한 사람들의 기억은 실험실 C의 '부유의 시간' 구술 인터뷰를 참고해 재구성하였습니다. 입말의 어감을 위해 일부 방언을 그대로 사용하였습니다.

오감으로 알아가는 절영로 식물 이야기 ········· 13

절영로와 친해지기

식물은 무엇인가? ········· 18

절영로 식물오감 소개하기 ········· 20

장소 일러두기 ········· 22

관찰을 즐겁게 하는 도구 ········· 24

절영로를 만나러 갑니다

1코스　절영해안산책로와 흰여울문화마을 ········· 31

흰여울문화마을 언덕에서 자라는 '구기자나무' ········· 34

이송도 전망대로 오르는 돌계단 ········· 36

어쩌다 이곳까지 왔니 '모감주나무' ········· 37

2코스　흰여울해안터널 ········· 43

약용으로 들어왔지만 자유를 찾은 '독말풀' ········· 44

바닷가 구황작물 '갯메꽃' ········· 46

장수를 상징하는 지팡이가 되는 '명아주' ········· 48

막걸리 향 따라 '365계단' ········· 50

가시는 없지만 도토리는 있지 '졸가시나무' ········· 52

나무의 품격 '상수리나무' ········· 54

여러 나무의 특징이 두루두루 '굴피나무' ········· 56

시대에 따라 다른 상징으로 '복사나무' ········· 58

함지골 쌈지공원 ········· 61

함지골 아카시아를 아시나요? ········· 62

오해는 이제 그만 '아까시나무' ········· 64

빨갛다 못해 붉다 '붉나무' ········· 66

	물이 좋아 '오리나무'	68
	계절 시계를 잃어버리지 말아줘 '벚나무'들아	70
	폭포 아래 밥상 생각	72
	너에게 독립하도록 바늘을 줄께 '도깨비바늘'	74
	놀라운 세계를 품고 있는 '번행초'	76
	속이고 속고 드라마틱한 '천선과나무'	78
	두 번 꽃을 피운다 '동백나무'	80
	'유동나무'의 수수께끼	82
3코스	살뜰한 새의 이웃 '팥배나무'	86
	산초나무냐 초피나무냐 그것이 문제야 '산초나무'	88
	소나무에게도 백신을 '곰솔'	90
	자연의 색이 오래가도록 돕는 '검노린재나무'	92
	만리를 간다고? 냄새가 궁금한 '돈나무'	94
	어린잎에는 빨강 보호색 '예덕나무'	96
	겨울눈 왕관 속에서 잎이 부풀어요 '쇠물푸레나무'	98
	강력한 신호에 응답하라! '사스레피나무'	100

군소씨의 오감일기

	3월 11일 '냄새는 식물의 수다?'	106
	7월 6일 '닿았을 때 식물도 안다?'	109
	7월 13일 '식물의 입은 뿌리'	111
	7월 19일 '식물은 듣는다?'	113
	9월 25일 '식물은 본다. 무엇보다도 잘'	115

아트워크 119

절영로 식물 더보기 145

오감으로 알아가는 절영로 식물 이야기

"코리아의 절영도에 가서 한나절을 보냈단다. 진달래가 만발하게 피어 있었고, 그 화려한 색으로 산 한 면을 밝게 물들이고 있었다. 엄마는 아주 신이 나서 하얀, 노랑, 파랑 3 가지 색깔의 제비꽃을 열심히 꺾었지. 수꿩은 덤불 속에서 울면서 암꿩을 유혹하고 있었단다. 나는 네 엄마를 위해서 잡으려고 했지만 성공하지 못했단다. 우리는 큰 소나무 아래서 점심을 먹었고, 아주 즐거운 시간을 보냈다. 일본에서 겨울을 난 많은 작은 새들이 여름을 보내기 위해 여기로 돌아왔단다. 그리고 무성한 숲을 이루고 있고, 즐겁게 노래하고 있단다. 최근에는 비가 무척이나 많이 왔다가 날씨가 따뜻해졌다."

초대 부산해관장 윌리엄이 딸 닐리에게 보낸 편지 중에서, 1885년 4월 21일
*출처 _ 『그림자섬의 숨은 이야기』, 김재승 지음, 도서출판 전망

절영도는 영도의 옛 이름입니다. 1885년 윌리엄이 편지로 딸에게 전했던 영도의 자연환경은 지금과 크게 다르지 않아 놀랍습니다. 진달래, 제비꽃, 곰솔은 여전히 절영로 곳곳에서 흔히 눈에 뜨이는 풀과 나무입니다.

예로부터 영도는 곰솔 숲이 우수하고 아름다워 국가가 특별히 관리하는 조림지였습니다. 하지만 조선 후기에는 나무를 심지 않고 무분별하게 잘라내는 바람에 해안가 산등성이가 낮은 숲으로 변하였고, 일제강점기에는 건축자재로 소나무가 베어지고, 한국전쟁 이후에는 땔감으로 섬에서 나무가 사라지기도 하였습니다. 영도가 푸른 숲으로 되돌아온 건 불과 50년 정도 지난 일이라니 영 믿기지 않는 이야기입니다.

영도는 참으로 흥미로운 곳입니다. 섬의 특징과 도시의 이점을 동시에 지니고 있습니다. 부산의 끝자락에 자리한 영도는 천연 방파제가 되어 태평양에서 밀어닥치는 거센 물살을 잠재웁니다. 섬 가운데 봉긋하게 솟은 봉래산은 절영로 방향으로 지형이 가파르고 그 끝은 바다와 이어집니다. 해안선은 복잡하고 갯바위와 몽돌해변이다 보니 사람이 살기에는 다소 어려운 환경입니다. 그럼에도 피란 시절에는 봉래산 중턱까지 터를 닦아 집을 지었습니다.

반대편 영도대교 방면으로는 비탈이 완만하여 일찍이 마을이 형성되었습니다. 영도다리를 지나 절영로로 향하는 길은 도시의 특징이 잘 드러납니다. 근대 공업을 이끌었던 수리조선, 철공소, 도자공장, 제면소 등 산업시설이 조밀하고 노동자의 거처가 촘촘하였습니다. 하지만 절영로에 가까워질수록 초록이 무성해지고 선박이 점처럼 떠 있는 짙푸른 바다가 차오릅니다.

절영로가 위치한 영선동부터 중리까지 사람들이 오가던 오솔길은 1974년 포장도로로 바뀌면서 절영로의 모습에도 변화가 찾아옵니다. 길을 중심으로 마을과 숲이 위와 아래로 갈라지게 되었습니다. 구릉지에 아파트가 세워지고 산과 주거공간이 겹쳐 보이는 경관이 등장합니다. 절영로는 여전히 자연이 우세한 곳이지만 사람과 자연이 공존하기 위한 고민과 실천이 필요한 곳이기도 합니다.

흰여울문화마을에서 시작하는 절영로는 태종대까지 7.5km 길이로 이어집니다. 출발 지점부터 85광장까지 아래쪽에는 절영해안산책로가 위쪽에는 절영해랑길이 나란히 놓여 있습니다. 바다 가까이 몽돌해변을 따라 조성된 절영해안산책로와 봉래산 중턱에 데크로 제작된 절영해랑길은 같은 풍경을 다른 시점으로 바라보게 하는 묘미를 지니고 있습니다. 두 길을 오갈 수 있는 계단이 아홉 군데나 연결되어 있어 어디로든 출입이 편리합니다. 짧은 코스로 여러 번에 나누어 느릿한 걸음으로 식물을 관찰하기에는 더할나위없는 최상의 조건을 갖춘 산책길입니다.

절영해안산책로의 출발점은 흰여울문화마을 아래에 있는 관리동 입구부터입니다. 언덕 위 좁은 골목을 따라 줄지은 주택이 이색적인 흰여울문화마을과 해안터널까지 걸어가는 산책로가 가장 널리 알려진 코스입니다. 많은 관광객이 여기에서 발길을 돌리는데, 약간의 모험심을 발휘해 몇 걸음만 더 나아간다면 거칠고도 아름다운 자연이 참모습을 드러낼 것입니다.

이 책은 절영로의 다양한 장소와 사람 사이에서 늘 자리를 지켜 온 나무와 풀에 대한 이야기입니다. 흰여울문화마을부터 85광장까지 다양한 방법으로 절영로를 걸어보고 3가지의 루트를 정하였습니다. 그 길에서 인상적인 풀과 나무를 고르고 그들의 경이로운 모습을 기록했던 노트를 옮겨 봅니다. 여기에서 소개하는 식물은 우리에게 관찰의 기쁨을 알게 해 준 길동무이자 자주 보이는 풀과 나무입니다. 하지만 이들이 절영로를 대표하는 식물일 수는 없습니다. 절영로를 터전으로 살아가는 무수한 존재 중 극히 일부입니다. 바다 가장자리 갯바위에 띠를 두른 저서생물군, 하늘과 수풀을 누비는 새들, 팔랑거리며 우아한 날갯짓을 선사하는 나비떼 그리고 다양한 곤충까지… 아직 초대하지 못한 다양한 존재가 절영로의 자연 속에서 무심히 자신의 시간을 보내고 있을 것입니다.

3년 동안 이 길을 점점이 걸었습니다. 식물이 숨을 고르는 겨울에는 발길이 뜸해지기도 하고 극적인 변화가 일어나는 계절에는 시도 때도 없이 드나들었습니다. 그때마다 절영로는 단 한 번도 같은 모습을 보여준 적이 없습니다. 이 책을 덮고 나면 마음 깊은 곳으로부터 절영로가 어딘지 궁금해지고 절벽과 바닷가 근처에 터를 잡은 존재에 대한 호기심으로 주섬주섬 가방을 꾸리는 이가 많아지길 바라는 마음으로 글을 전합니다.

절영로와 친해지기

식물은 무엇인가?

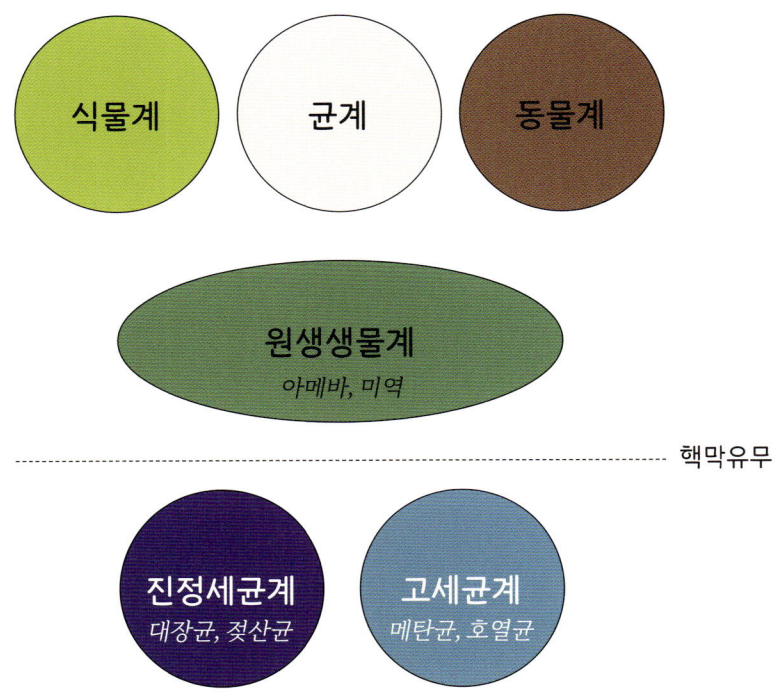

'식물은 무엇인가?' 라는 질문에 풀과 나무라고 답한다면 맞습니다. 그런데 조금 헷갈리는 것들이 있습니다. 그럴 때는 체계적으로 생각을 정리해 보겠습니다. 우선 지구상에 살아있는 생물은 크게 6가지의 계로 구분합니다. 눈에 보이지 않는 작은 단세포의 생물인 진정세균계와 고세균계가 있습니다. 진정세균은 보이지는 않지만 쉽게 접하고 살아가는 세균입니다. 예를 들어 대장균 같은 것들입니다. 고세균은 훨씬 극한 환경에서 살아가는 세균입니다. 메탄균, 호열균 등이 있습니다.

우리 눈에 보이는 정도의 생물들은 식물계, 동물계, 균계로 나눕니다. 식물계는 광합성을 통해 영양분을 마련합니다.
동물계는 움직이며 다른 생물을 먹음으로써 영양분을 얻습니다.
균계는 다른 생물을 분해함으로써 영양분을 얻습니다. 균계는 실같이 생긴 균사라는 물질로 몸체가 구성되어서 균계로 부릅니다. (이름 때문에 세균과 헷갈리기 쉽습니다.) 곰팡이나 버섯이 이에 속합니다.
식물과 동물, 균계에 들어가지 못하는 애매한 것들이 원생생물계에 들어갑니다. 아메바나 미역 등이 이에 속합니다. 미역같은 조류는 광합성을 해 식물로 생각될 수도 있지만, 기관의 발전이나 생식 방법 등에서 식물만큼 고도화되지는 못했기 때문에 원생생물계에 들어갑니다.
생물들의 구분해 놓은 계를 통해 이해해 보면 식물이나 동물은 상당히 진화된 형태의 고등생명체이란 걸 알 수 있습니다.

이제 밖으로 나가 식물을 만나러 갑니다.

　식물은 어디에나 있습니다. 도로에만 나가도 가로수가 있고 버스를 기다리는 정류장 보도블록 틈에도 식물이 있습니다. 너무 자연스럽게 존재하고 있어서 식물이 없는 공간이 오히려 이질적으로 느껴지기도 합니다.

이제 주변에 있는 식물을 의식하게 되면 식물들의 이름이 무엇인지 궁금해집니다. 가장 쉬운 방법은 물어보는 겁니다. 식물에 관해 잘 알고 있는 이가 주변에 있다면 행운입니다. 아니면 시간을 들여 천천히 식물이 특징을 드러낼 때까지 기다립니다. 가장 구분하기 쉬운 것은 꽃이나 열매로 구분하는 것입니다. 꽃이나 열매의 특징을 눈여겨봤다가 도감에서 찾아보는 것입니다. 물론 앱이나 인터넷 지식인에 묻는 것도 좋은 방법입니다.

반대로 아는 나무를 찾아가는 건 어떨까요? 이 책을 읽어보고 직접 걸으면서 이 책에 나오는 식물들을 찾아보는 것을 추천해 드립니다.

절영로 식물오감 소개하기

'절영로를 만나러 갑니다'는 각 루트마다 장소가 간직한 이야기와 인상적인 나무와 풀에 대한 이야기를 다룹니다. 흰여울문화마을에서 출발하여 절영해안산책로와 절영해랑길을 따라 85광장까지 3가지 루트를 안내합니다.

'**군소 씨의 오감일기**'는 절영로의 식물을 후각, 촉각, 미각, 청각, 시각으로 풀어 보았습니다. 식물의 감각과 인간의 감각 체계가 다르다는 것을 알아보고 식물을 조금 더 이해하는 페이지입니다.

(군소씨는 누구?)

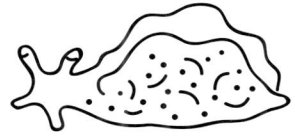

바다달팽이 군소 씨, 절영로 식물오감의 동행자이자 안내자입니다. 갯바위에 둥글고 깊게 패인 웅덩이가 바로 군소 씨의 집. 느린 걸음으로 해초를 먹을 때 제일 행복해 하죠. 모험가 기질이 뛰어나서 늘 웅덩이를 나와 절영로 곳곳을 찾아 다니길 좋아하고, 갯바위 꼭대기에 올라 식물을 관찰하며 그들과 친구가 되었어요. 사람들은 식물이 움직이지도 않고, 조용하고, 취향도 없다고 생각하는데 과연 그럴까요. 군소 씨는 나무도 풀도 엄청 활발하고, 시끄럽고, 섬세하고 또 예민하다고 말합니다. 군소 씨와 식물의 여러 감각을 알아볼까요?

'**아트워크**'에서는 절영로라는 길이 지닌 미세하고 감각적인 장면을 김덕희, 박신영 두 예술가의 시선으로 기록하였습니다.

'**절영로 식물 더보기**'는 여러 이유로 자세히 다루지 못한 식물을 소개합니다. 42가지의 목본(나무)과 42가지의 초본(풀)을 골라 모습, 이름, 마주친 시기 순으로 정리합니다.

장소 일러두기

절영해안산책로 영도 북서쪽에서 남동쪽 방향으로 해안선을 따라 해변, 계단, 바위, 숲을 연결하며 약 3km 이어진 산책로이다. 부산 해안가에 자생하는 다양한 식물의 군락과 절벽, 기암괴석, 조간대 등 천혜 자연을 관찰하며 걷기에 최적의 장소이다. 산책로 중간마다 그늘쉼터와 전망대, 흔들다리 등이 구비되어 있다. 5월부터 11월까지 작은멋쟁이나비, 청띠제비나비, 남방제비나비, 긴꼬리제비나비, 호랑나비의 우아한 춤을 볼 수 있으며 해안가에는 군소씨와 담치, 거북손, 총알고둥 등 해양생물이 서식한다.

절영해랑길 영선동과 동삼동 주민, 해양경비대 면회객이 걸어 다니던 오솔길을 1970년대 정비하여 도로가 개설되었다. 그 길을 따라 조성된 목재데크 길은 흰여울 바다전망대, 75광장, 하늘전망대 등으로 이어져 수평선과 묘박지를 보며 걷기에 좋다. 나무 윗부분의 관찰이 가능하다.

묘박지 선박을 계류 혹은 정박하는 넓은 수면을 말하며, 부산항 내에 지정된 배들의 노상주차장이다. 땅과 가까운 곳은 소형, 중간은 중형, 먼 곳은 대형 선박이 떠 있다. 방향에 따라 뱃머리를 바꾸며 하역순서를 기다리거나 유류공급선으로부터 급유를 받는다.

대중교통 이용시 1호선 남포동역 하차 후 6번 출구에서 버스를 타세요. 교통편 7번, 71번을 타고 부산보건고등학교 정류장(1코스), 백련사 정류장(2코스), 함지골수련원 정류장(3코스), 75광장 정류장(3코스)에서 하차합니다.

흰여울문화마을 봉래산에서 흘러내리는 폭포에서 이는 둘보라가 흰 눈 같다고 흰여울이 되었다. 마을의 옛 이름은 바다 건너편 암남동의 송도와 마주 보고 있어 제2송도라 불리기도 하였다.

함지골 한지골이란 '큰 골짜기'라는 지명이 구전되며 함지골로 바뀌었다. 상수도가 뒤늦게 들어온 1980년대까지 물이 귀하던 동네에 중요한 수원지였고, 한때 생활 쓰레기로 몸살을 앓기도 하였다. 봉래산 자락에서 이어져 절벽으로 흐르는 폭포가 있으며 경사지를 따라 숲길과 해안길을 걸을 수 있다.

75광장 1975년 완공되어 붙여진 이름으로 바다를 바라볼 수 있는 정자가 있어 산책길에 잠시 휴식하기에 좋다. 사시사철 시원한 바람이 불어온다.

85광장 함지그린아파트 버스정류장에서 내려 절영해안산책로로 내려가는 입구 중 하나로 1985년에 준공된 쌈지공원이다. 75광장과 중리해녀촌 사이 중간지점에 위치한다.

자가용 이용시 '하늘전망대 노상공영주차장'과 '75광장 앞 노상공영주차장'에 주차하세요. 별도의 주차료가 발생할 수 있습니다.

관찰을 즐겁게 하는 도구

복장

모자
접을 수 있으면 좋아요

손수건

시계

긴팔 상의, 긴바지
햇빛과 모기,
벌레로부터 안전하게

등산화
계단과 갯바위가 많은
절영로에서는 필수

무지크로스백

작은 수첩과 연필   작은 가위   표본용 작은 주머니

배낭

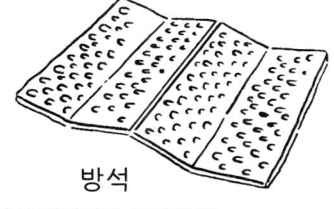

방석
잠시 걸터앉아 휴식할 때
꼭 필요해요

망원경
묘박지 선박이나 절영로를 찾는
새를 감상할 때 필요(8배율 정도)

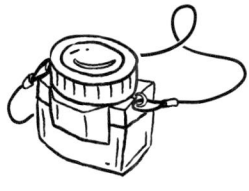

루페
작은 것의 놀라운 세계를
감상할 때 필요(10배율 정도)

우비

포켓용 도감

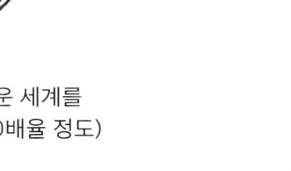

약간의 간식
간단하게 열량을
높여줄 견과류나
초콜릿 바

접이식 실리콘컵

텀블러와 핸드드립 커피
산책을 풍요롭게 해 줄 잇템

절영로를 만나러 갑니다

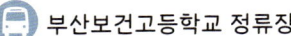 부산보건고등학교 정류장

① 흰여울문화마을

1코스 흰여울문화마을 – 이송도 전망대   🚌 7번, 71번 버스

① 흰여울문화마을   ① 구기자나무
② 흰여울해안터널   ② 모감주나무
③ 돌계단

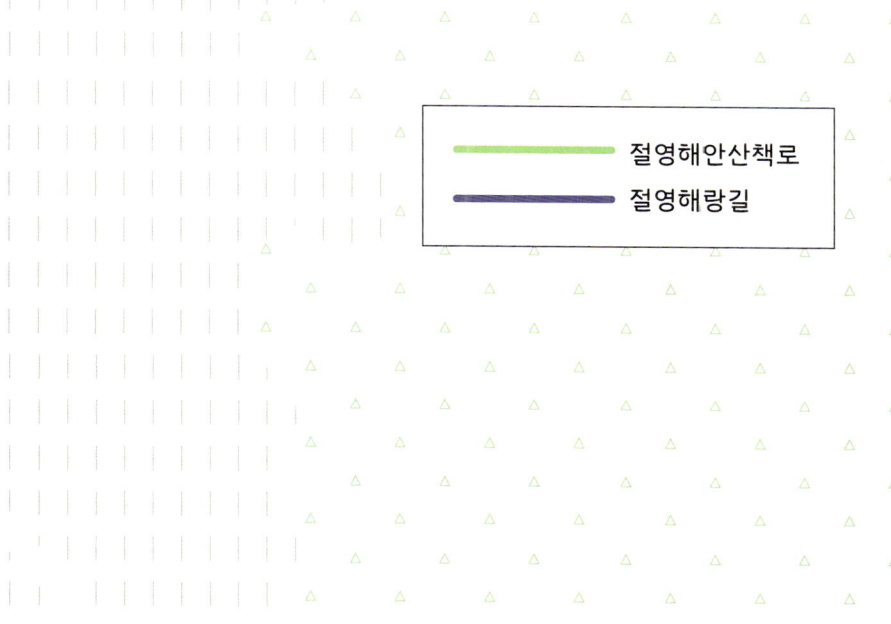

절영해안산책로와 흰여울문화마을 ①

　　버스를 타고 영도 다리를 건넙니다. 봄이 되면 이 길은 이팝나무 꽃이 쑥버무리처럼 하얗게 흐드러집니다. 답사를 준비하는 손길이 흰 구름처럼 두둥실 부풀어 올라 카메라, 삼각대, 망원경, 루페에 커피와 간식까지 꼼꼼하게 꾸린 가방을 단단히 고쳐 맵니다.

　　절영해안산책로에 들어서니 요란한 파도 사이로 몽돌이 도르르륵 구르는 소리가 경쾌하게 울려 퍼집니다. 윤슬이 눈부신 바다에는 파도의 방향에 맞추어 뱃머리를 가지런히 둔 선박이 여러 채 보입니다. 묘박지(錨泊地)라 불리는 이곳은 바다 위에서 닻을 내린 선박의 정거장이자 잠시 동안 머무르는 배들의 임시 거처입니다. 너른 바다를 항해하고 이곳에 도착한 배들이 마주한 세상은 어떠했을까. 그들의 무용담이 한없이 궁금해 자꾸만 바다 저편으로 시선이 갑니다.

　　지난봄 영도에서 만난 해녀 어르신은 50년 전 이곳으로 들어오던 날 초가집이 뜨문뜨문하고 도랑과 바닷길을 건너는데 기가 차더라 하셨습니다. 그 사이 영도는 참 많이 달라졌습니다. 부산에서 두 번째로 큰 섬인 영도는 영도대교(1934), 부산대교(1980), 남항대교(2008), 부산항대교(2014)가 차례로 건설되면서 점차 도시로 변하였습니다. 부산 원도심과 거리로도 가깝고 다리로 연결되어 있으니 나란히 성장

할 수 있는 공간적 조건이 갖춰졌던 것입니다. 영도다리 주변에는 근대 공업을 이끌었던 수리조선부터 다양한 공장들이 옹골차게 들어서 있습니다. 천하를 호령하던 1980년대만 하더라도 20만 명 가까이 이 섬에서 복닥거리며 살았던 시절도 있었습니다.

오랫동안 빈 섬이던 영도는 개항 이후 주민이 건너오고 한국전쟁 때 피란민들이 정착하며 교회, 사찰, 공장같이 너른 터부터 봉래산 중턱까지 완만하든 가파르든 판자촌이 줄지어 들어섰습니다. 흰여울문화마을의 옛 이름인 이송도마을 역시 피란민이 정착한 곳이었습니다.

"옛날에 피란민들이 다 들어와가지고 거기서 천막 치고 살다가. 피란민이 너무 많이 모이고 하니까. 그때만 해도 요고는 내 땅 하면 내 땅 인기라. 이렇게 집도 많이 없었고. 나라에서 식구 많은 사람 적은 사람 구별해 가꼬 가마니 한 장 두 장 이래 줘가꼬 집을 짓고 살았어. (부모님이) 천막을 지어놓고 나를 거기 낳아놓고, 집을 짓고 그 집에 들어갔다는 거지. 돌담 집."

가마니 한 장 두 장 만큼 터를 나누고 봉래산에서 손수 날라 온 돌로 쌓아 올린 집들은 비탈에 위태롭게 서 있었습니다. 흰여울마을 아래 경사진 언덕까지 사람이 사는 집과 텃밭과 돼지 축사가 있어서, 태풍이 강하게 불어 닥치는 날이면 속수무책 집이 떠내려가는 일도 빈번하였습니다.

"항상 여름만 되면 우리 집이 허물어지는 꿈을 꿨어. 파도가 쳐가지고 실려가는 그런 걸 많이 봤기 때문에 우리 집이 떠내려가는 꿈을 꿨어. 근데 축대를 쌓고부터는 그 꿈을 안 꿔."

비탈에 옹벽이 들어서고 튼튼한 축대가 세워지고 나서야 누군가의 악몽도 잠잠해집니다. 이제 비바람에도 비탈을 단단히 움켜쥔 풀들이 이파리를 흔들며 자라고 있습니다.

"우리가 마음대로 뛰뎅기는 데를 동산이라고 하잖아. 여기가 동산 맹키로. 집에서 밑으로 바다로 동산처럼 뛰내리가고. 어릴 때는 수영복이 있나! 내리 갔다가 바위에 옷 그냥 걸쳐놓고 들어갔다가 그냥 입고 올라오고…"

"옛날에는 전부 여기서 바닷가 가가지고 반찬 해 가 올라오고 그랬으니까. 아침밥 묵고 설거지해 놓고 치아 놓고. 바다 내려 가면 저녁 반찬 해가 올라왔어. 거기 모든 것이 다 있으니까. 고둥, 끼(게), 미역, 해삼. 물이 좋으니까."

저 높은 곳에서 비탈을 내려와 너 나 할 것 없이 바다로 뛰어드는 아이들과 반찬거리를 바다에서 채집하는 주민들도 더는 볼 수 없는 지난 시절의 풍경입니다. 삶의 터전으로 다져가기에 열악하고 거칠었던 장소였지만 세월이 지나고 이제는 어디에서도 볼 수 없는 아름다운 바다 경관을 보유한 유명한 명소가 되었습니다. 비탈을 따라 단정하게 조성된 계단 길은 언덕 위의 마을에 새겨진 세월의 의미와 가치를 발견하려는 이들이 자처해 오르는 걸음이 이어지고 있습니다.

흰여울문화마을 언덕에서 자라는
구기자나무 ①

    산책로 입구에는 절영마, 동백, 곰솔처럼 절영로를 상징하는 모자이크 담장이 길게 장식되어 있습니다. 그 위에는 풀보다는 조금 더 두꺼운 가지를 여기저기로 산만하게 뻗고 있는 작은 나무가 보입니다. 뿌리부터 열매까지 식용으로 다양하게 쓰여 누구나 한 번쯤 들어 본 구기자나무입니다. '다섯 가지 맛이 난다는 오미자처럼 아홉 가지 기능이 있어서 구기자인가?' 어설픈 한자 실력으로 추리를 해봅니다. 하지만 구기자는 가지가 잘 휜다는 뜻의 한자어로 된 이름입니다. 몸에 유익한 기능은 아홉 가지를 채우고도 남는 거 같습니다. 그런 이유로 약재로 사용하기 위해 들여온 식물입니다.

봄이면 창백한 흰색을 띤 가지에서 잎이 나옵니다. 가지에는 가시가 있어서 쉽게 구분할 수 있습니다. 잎은 잎자루와 잎몸이 명확하게 구분되지 않는 형태입니다. 꽃은 9월에 본격적으로 나타납니다. 보라색으로 손톱 정도의 크기입니다. 크기는 작지만 초록과 대비되는 보라색 꽃은 그냥 지나칠 수는 없습니다. 얼굴을 가까이 대고 자세히 봅니다. 구기자는 마음이 바쁩니다. 겨울이 오기 전에 결실을 맺어야 하니까요. 꽃이 피고 나면 열매가 보이기 시작합니다. 10월에는 꽃과 열매가 뒤섞여 있는 모습을 볼 수 있습니다. 열매는 빨갛게 익는데 조롱조롱 열린 모습이 귀엽습니다. 구기자는 나무 크기에 비해 열매를 꽤 그럴듯하게 만들어 냅니다.

구기자는 마음이 바쁩니다.
겨울이 오기 전에 결실을 맺어야 하니까요. 꽃이 피고
나면 열매가 보이기 시작합니다.

흰여울마을 언덕에 꽤 넓게 군락을 이루고 있으며 절영로 곳곳에서도 자주 보입니다. 2020년에는 함지골에서 절영해랑길로 오르는 계단 길에 있던 구기자나무가, 2021년에는 함지골 하늘전당대 옆에 내려오는 계단 길에 있던 구기자나무가 베어졌습니다. 깨끗한 미관을 유지하려는 명목이라 하더라도 관찰하던 식물이 갑자기 사라지게 되면 마음 한 켠이 헛헛합니다. 마을 아래 언덕에는 구기자나무 외에도 풀이 다양합니다. 초록이 무성한 곳이라면 어디든 들어가서 자세히 관찰하고 싶지만, 위험을 자초해서는 안되겠지요.

이송도 전망대로 오르는
돌계단 ③

　　해안터널을 지나서 돌계단으로 가볼까요. 돌계단은 축대보다는 풀이나 나무를 가까이 관찰하기에 훨씬 좋은 환경입니다. 계단마다 절영로의 상징인 몽돌이 여러 무늬로 장식되어 있어 나름의 운치도 있습니다. 조금이라도 금이 가거나 흙이 드러난 자리엔 영락없이 풀들이 자라며 2월부터 11월까지 번행초, 갯메꽃, 사철쑥, 돌가시나무 같은 여러 식물이 꾸준히 번갈아가며 잎을 뽐내기도 합니다. 한 칸씩 계단을 올라가다 다리가 뻐근해지면 걸음을 멈추고 뒤쪽을 돌아봅니다. 깎아지르는 절벽과 하늘을 가린 나무 사이로 은빛 바다가 보입니다. 이 길의 끝자락에는 먼바다를 볼 수 있는 이송도전망대가 있습니다. 마침 문화해설사분이 관광객에게 전망대를 설명하는 이야기가 들려옵니다. 맑은 날에는 저 멀리 대마도가 고래등처럼 보이며, 영도에서 거제도까지의 거리와 대마도까지의 거리가 같아서 삼각측량의 기준점이 되었다고 합니다.

어쩌다 이곳까지 왔니
모감주나무 ②

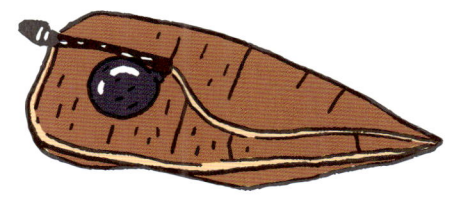

　계단 양옆으로 천선과나무, 참느릅나무, 팽나무, 등백나무 외에도 여러나무가 있지만 모감주나무가 가장 눈에 띕니다. 흰여울마을 입구까지 올라가는 길에도 여러 그루가 있습니다. 왜 여기에 모감주나무가 있을까요. 모감주나무는 햇빛을 좋아하고 염분에도 강해 우리나라 해안가에서 군락을 이루며 자라는 모습을 볼 수 있습니다. 잎이 어긋나듯 자라고 7~15장의 작은 잎들이 하나의 잎으로 구성하는 깃꼴겹잎입니다. 꽃잎은 4개가 위쪽에만 있고 아래엔 8개의 수술을 가지고 있습니다. 꽃들은 모여서 피는데 그 모양새가 고깔처럼 세모 모양으로 보입니다. 6~7월에 피는 여름꽃으로는 보기 드문 노란색 꽃이랍니다. 꽃이 지면 바로 씨방이 자라는데 열매가 영락없는 꽈리 모양이에요. 열매는 가을이 되면 갈색으로 변한 뒤 세 개로 갈라지며 안쪽의 볼록한 부분에 씨앗이 하나씩 붙어 있어요. 씨앗으로 염주를 만들어 염주나무라고도 부릅니다. 염주를 만드는 재료는 피나무, 향나무, 산호도 있지만, 모감주나무의 씨앗은 익을수록 단단해지고 손때가 묻을수록 반질반질하게 윤이 나서 염주로 안성맞춤이랍니다.

저런 작은 조각에 의지해 바다를 건너다니,
모감주나무는 '신밧드의 모험' 저리 가라 할 만큼
스펙터클한 방법으로 씨앗을 퍼뜨리는구나!

잎 / 꽃 / 열매 / 수피

모감주나무의 열매는 물을 이용하여 종자를 퍼뜨리는 나무로도 유명합니다. 어떤 사람들은 이 조그만 열매가 중국에서 해류를 타고 흘러 흘러 우리나라 해안가에 정착하지 않았을까 생각했어요. 저런 작은 조각에 의지해 바다를 건너다니, 모감주나무는 '신밧드의 모험' 저리 가라 할 만큼 스펙터클한 방법으로 여행을 떠나는군요. 그렇지만 계곡에서 종이배를 띄워 놀아본 사람이라면 종이배가 뒤집히는 경험이 한 번쯤 있을 겁니다. 맞아요. 모감주나무는 자신만의 방법을 찾았어요. 열매가 익어 떨어질 때 씨앗의 무게로 껍질은 종이배가 아닌 낙하산 모양으로 바다에 떨어져요. 모감주나무는 씨앗을 배에 태워 보내는 게 아니라 물에 잠긴 채로 떠나보냅니다. 씨앗 주위의 공기층 덕분에 부력으로 동동 떠서 이동하는 거죠. 어때요, 참 놀랍지 않나요? 더 놀라운 사실은 이 모든 것을 초등학생들이 실험을 통해서 밝혀냈다는 것입니다. 이송도전망대에서 다 익은 모감주나무 열매를 길에서 줍게 된다면 바다로 던져 확인해 볼까요.

전망대에서 모감주나무를 따라 위로 곧게 뻗은 계단 길을 올라가면 흰여울마을이 나타납니다. 골목에 들어서니 축대와 돌계단에서 보았던 식물과는 나무도 풀도 조금 다릅니다. 집 앞에는 화분, 붉은 고무통, 물탱크까지 크기도 모양도 저마다 개성 넘치는 텃밭이 있습니다. 여름이 되면 주민들의 정성과 해풍을 머금고 자라날 채소들의 터전입니다. 그때는 마을 골목도 초록으로 물들겠죠.

흰여울 해안터널 ②

    초여름의 절영로는 혼자 보는 것이 아까울 정도로 날이 환상적입니다. 관찰할 식물 목록을 보며 흰여울 해안터널에서 산책을 시작합니다. 흰여울 해안터널은 반대편 파도광장까지 쉽게 갈 수 있도록 커다란 암석을 뚫고 70미터 길이로 2018년에 새롭게 연결한 통로입니다. 터널 안에서 바다를 배경으로 찍은 사진이 유행하며 인생사진을 촬영하러 줄 선 사람으로 늘 붐비는 유명한 곳이지요. 터널에 들어서니 동굴처럼 시원한 바람이 불어와 더위를 사그라들게 해줍니다. 반대편 파도광장에선 묘박지의 선박이 한층 가까이 다가옵니다.

    파도광장에서는 산책로가 끊긴 것처럼 보이기도 하지만 조금 더 의지를 갖고 해안길을 걸어가 보길 권합니다. 코너를 돌자마자 산책로가 다시 나타나니까요. 알맹이가 굵직한 돌로 이뤄진 몽돌해변이 끊어질 듯 연결되어 있습니다. 영도는 천혜의 자연 방파제로 두 팔을 벌려 바다를 잠재우는 역할을 합니다. 거친 바다를 마주한 절영로는 지형을 따라 솟아오르기도 하고 들쑥 날쑥 갯바위와 절벽이 다채로운 해안을 그대로 보여주어 매력적입니다. 해안터널에서 멀어질수록 관광객의 발길이 드물어지고 자연이 조밀해집니다. 햇살이 눈부신 날에는 바다가 유난히 에메랄드빛으로 투명하게 빛납니다. 가을이 끝날 무렵 이 길에서 번행초, 갯메꽃, 소리쟁이, 명아주 같이 소금기가 많은 땅에서도 잘 자라는 식물을 만났습니다. 열매를 달고 있던 그들을 다시 볼 수 있을까 설레어 걸음을 재촉합니다. 허녀촌이라 쓰인 안내판을 지나 쉼터에서 잠시 숨을 고르고 주변에 자라는 풀을 들여다 볼까요.

약용으로 들어왔지만 자유를 찾은
독말풀 ③

처음에는 큰 도꼬마리구나 생각했는데 자세히 보니 잎이 다르게 생겼습니다. 그 옆에는 훨씬 큰 열매도 있습니다. 한껏 빵빵하게 익은 연두색 열매가 두 팔을 쭉 펴고 기지개를 켜는 것처럼 유쾌하게 서 있습니다. 달걀처럼 동그란 구 모양의 열매에 빼곡하게 돌출형 가시가 솟아 있어 범접하기 어려운 자태입니다.

이 풀의 이름은 독말풀입니다. 주로 열대, 아열대에 분포하는데 우리나라에서는 독말풀, 흰독말풀, 털독말풀을 볼 수 있습니다. 독말풀은 열대아메리카가 원산지이고 흰독말풀과 털독말풀은 열대아시아가 원산지입니다. 집 주변에 많이 키우는 천사의나팔도 백합꽃 향이 나도록 개량한 독말풀의 개량종이라 합니다. 아메리카와 아시아식물이 우리나라에서 모이다니 흡사 독말풀 국제회의라도 열린 거 같습니다. 독말풀은 약용으로 재배하며 붐을 일으키기도 했지만, 말 그대로 한때의 유행으로 끝나버리고 현재는 야생에서 가끔 볼 수 있는 풀이 되었습니다. 식물이나 동물처럼 살아있는 생물의 이동에 대해서는 신중해야 한다고 생각합니다. 생물은 하나로써 존재하는 것이 아독말풀은 약용으로 재배하며 붐을 일으키기도 했지만, 말 그대로 한때의 유행으로 끝나버리고 현재는 야생에서 가끔 볼 수 있는 풀이 되었습니다.

니라 생태계라는 그룹에 한 요소로 참여하게 되는 것입니다. 그랬을 때의 그 생물로 인한 변화는 어디까지 일지 그것을 생태계가 받아들일 수 있는 정도인지 고려해야 할 점과 변수가 많습니다. 개인적인 기호에 의한 생물의 이동도 마찬가지입니다. 희귀한 동물이나 식물을 키우는 것도 그 생물이 살던 생태계의 파괴를 대가로 가져온 즐거움은 아닌지 생각해 봐야 합니다.

바닷가 구황작물
갯메꽃 ④

　　가장자리가 살짝 말린 동글동글한 잎들이 카펫처럼 깔려있습니다. 갯메꽃이네요. 날이 더워지기 시작하면 꽤 큰 꽃이 잎 위로 피어납니다. 얼핏 나팔꽃과 닮았습니다. 익숙한 나팔꽃에 비해 메꽃을 아는 사람은 별로 없습니다. 꽃의 생김새는 비슷하지만 색깔도 이파리도 다릅니다. 메꽃은 연한 분홍색 꽃이 핍니다. 고구마와도 먼 친척입니다. 뿌리는 고구마만큼 씨알이 굵진 않아도 녹말을 저장하는 구황작물이랍니다. 보릿고개처럼 먹을 게 귀한 시절에는 메꽃 뿌리를 캐서 먹었다고 합니다. 갯메꽃의 뿌리도 메꽃처럼 구황작물로 먹기도 했지만 독이 있으니 주의해야 합니다. 갯메꽃의 '갯(개)'은 강이나 바닷물이 드나드는 장소를 말합니다. 그러니 식물 앞에 '갯(개)'이라는 접두어가 붙으면 바닷가에서 자란다는 것입니다.

　바닷가는 식물들에게는 가혹한 환경입니다. 햇볕은 강하고 바람이 많이 불어 수분을 쉽게 빼앗기게 됩니다. 갯메꽃은 이런 환경 스트레스

갯메꽃의 뿌리도 메꽃처럼 구황작물로 먹기도 했지만
독이 있으니 주의해야 합니다.

를 극복하기 위해서 잎에 두꺼운 큐티클층을 두었습니다. 잎을 만져
보면 코팅된 것처럼 반질반질한 느낌입니다. 큐티클은 수분 증발을
막아주고 햇빛을 적당히 반사해서 잎이 너무 뜨거워지는 것을 방지하
는 역할을 합니다. 두꺼운 큐티클층은 바닷가 식물들에게 매우 유용한
방어 아이템입니다.

장수를 상징하는 지팡이가 되는
명아주 ⑤

　　　　영도 가운데에 우뚝 솟은 봉래산이 있습니다. 한자를 살펴보면 쑥 봉(蓬)에 명아주 래(萊)를 사용합니다. 봉래산에서 명아주를 만난 것은 필연같이 느껴집니다. 명아주과는 세계적으로 널리 분포해 살아가는 식물입니다. 그 이유는 명아주가 지닌 특별한 능력 때문입니다. 명아주 씨앗은 땅속에서 오랜 시간을 버틸 수 있습니다. 자랄 때는 환경에 따라 다양한 모습으로 적응하며 주변에 맞춰 살아남는 전략을 지니고 있습니다. 식물에게 이보다 더 필요한 능력이 있을까요.

절영로에서 자주 마주치는 명아주는 주로 1m 정도의 높이까지 성장합니다. 명아주로 지팡이를 만든다는 이야기를 들었기 때문에 다른 종류의 풀이 아닐까 생각했습니다. 그런데 절영로의 명아주는 환경에 따라 키를 낮추었던 것이고, 거름이 많은 곳에서는 2~3미터까지 성장한다고 합니다. 큰 키의 명아주를 손질하면 단단하고 가벼운 지팡이가 됩니다. 명아주 지팡이를 청려장(青藜杖)이라고 하는데요. 통일신라시대부터 장수한 이에게 왕이 내리는 하사품이었습니다. 장수는 모든 이의 바람이겠지만, 거친 돌멩이를 밟고 걷는 이 순간 명아주 지팡

명아주 씨앗은 땅속에서 오랜 시간을 버틸 수 있습니다. 자랄 때는 환경에 따라 다양한 모습으로 적응하며 주변에 맞춰 살아남는 전략을 지니고 있습니다. 식물에게 이보다 더 필요한 능력이 있을까요.

이가 더 절실해집니다. 조금 더 걸으니 시멘트로 길을 닦고 조약돌로 무늬를 만든 조성된 도보가 나옵니다. 사람의 발에는 편안한 길이 되어주지만 다양한 생명이 서식할 터전을 침범한 것 같아 마음이 무겁습니다.

막걸리 향 따라
365계단 ④

　　절영해랑길로 오르는 365계단은 하늘로 높게 뻗은 곰솔 군락이 그늘을 드리우고 예덕나무, 동백나무, 붉나무, 아까시나무, 보리밥나무, 사철나무, 천선과나무처럼 다양한 수형의 나무들이 자랍니다. 그 위로 먼바다가 나타납니다. 이 계단을 사용하는 사람이 별로 없어 보입니다. 나무도 풀줄기도 제멋대로 편하게 가지를 뻗쳐내었습니다. 흰여울문화마을 주변에는 비둘기가 많았다면 여긴 붉은머리오목눈이가 많습니다. 인적 드문 길을 찾아가는 이유입니다. 계단을 오르는데 훅 하니 달큰한 냄새가 코끝에 와 닿습니다. 이건 분명 막걸리 냄새입니다. 정교하게 쌓아올린 봉긋한 돌탑 두 개가 절영해랑길에 다

(풍어제) 어촌에서 만선을 바라고 안전을 기원하는 제의이자 전통 축제입니다. 동삼어촌계에서는 1962년부터 매년 음력 3월 2일에 푸짐한 음식을 함께 먹고 신명을 풀어내는 풍어제가 열립니다. 가장 비중 있는 것이 용왕굿인데 풍어 깃발을 게양한 배마다 무당이 직접 올라가서 선주와 함께 풍어를 기원합니다.

다르기 전 모습을 나타냅니다. 그 아래 검은 봉지와 탐스러운 천혜향 하나가 놓여 있습니다. 어떤 이가 바다를 향하여 바라는 마음을 두고 갔나 봅니다. 절영로 곳곳에는 이러한 기복의 흔적이 있습니다. 바위의 틈에 흘러내린 촛농이나 형형색색의 조화, 절벽에 쓰인 이름들, 길에서 풍기는 막걸리 냄새… 기복은 거친 바다에서 생업을 이어가는 이들에게 무엇보다 중요한 문화일 것입니다.

절영해랑길은 데크가 정비된 길이 흰여울마을부터 함지골을 지나 75광장과 85광장까지 연결되어 있습니다. 완만하게 조성된 길이라 발이 편하고 언덕 비탈에 자라는 나무를 위에서 내려다보는 높이라서 이 또한 재미있습니다. 다만 숲길과는 달리 해를 가려줄 그늘이 없고 도로를 달리는 차소리가 다소 시끄러운 것이 아쉽습니다.

가시는 없지만 도토리는 있지
졸가시나무 ⑥

　이 길에서 만난 나무 중 졸가시나무 이야기를 해보겠습니다. 참, 그전에 가시나무를 먼저 짚고 넘어가야겠습니다. 우리나라에서 도토리가 열리는 나무는 크게 두 부류로 나뉩니다. 하나는 참나무 계열이고 다른 하나는 가시나무 계열입니다. 참나무는 잎을 떨구는 낙엽수이지만, 가시나무 종류는 겨울에도 잎이 떨어지지 않는 상록수입니다. 많은 사람들이 도토리는 참나무에서만 열린다고 알고 있습니다. 전국 어디에나 보이는 참나무에 비해 남부지역에만 자생하는 가시나무 종류는 자주 접할 기회가 없기 때문이 아닐까 생각해 봅니다. 이름과는 달리 가시나무에는 가시가 없습니다. 가서목(歌舒木)에서 변형되어 가시나무가 되었다고 합니다.

가시나무 도토리는 깍정이(도토리를 싸고 있는 술잔 모양의 받침)가 둥근 고리를 말아 올린 모양으로 생겼습니다. 가시나무, 개가시나무, 붉가시나무, 졸가시나무, 종가시나무, 참가시나무가 한 형제입니다. 이를 구분하는 건 보통 잎 테두리를 보고 톱니가 어떻게 생겼는지, 잎에 털이 있는지 없는지로 판단합니다. 그런데 졸가시나무는 다른 가시나무와도 조금 다릅니다. 가시나무 종류는 잎이 길쭉하고 끝이 뾰족한데 그에 비해 졸가시나무는 둥글게 생겼습니다. 줄기가 큰 갈라짐 없이 밋밋한 편인데 졸가시나무는 수피가 갈라져 있습니다. 깍정이도 둥근고리모양이 일반적인데 기와장 모양으로 덮여 있습니다.

남쪽해안가에서 자라는 가시나무 종류에도 도토리가
달립니다. 참나무와 달리 가시나무 도토리의 깍정이
(도토리를 싸고 있는 술잔 모양의 받침)는 둥근 고리를
말아 올린 모양으로 생겼습니다.

졸가시나무가 절영해랑길에 있다는 건 조금 특이한 경우로 보입니다.
다른 가시나무와는 다르게 졸가시나무는 정원수로 심기 위해 일본에
서 유입된 종입니다. 그런 나무를 이곳에서 만나다니, 어떻게 여기에
자리를 잡았는지 궁금합니다.

나무의 품격
상수리나무 ⑦

　　가을이 깊어진 계절에도 마른 낙엽을 달고 있는 상수리나무는 프렌치코트를 걸친 패셔니스타처럼 멋이 느껴지는 나무입니다. 상수리나무 외에도 낙엽이 지는 참나무로는 갈참나무, 굴참나무, 떡갈나무, 신갈나무, 졸참나무가 있습니다. 그런데 유독 상수리나무는 다른 참나무와 다르게 이름에서 품격이 느껴진다고 할까요? 정확한 어원이 밝혀진 것은 아니지만 상수리나무의 열매로 묵을 만들어 수라상에 올렸다고 해서 '상수라'가 상수리로 변형되었다고 합니다. 상수리나무 도토리를 상실(橡實)이라 하는데 여기에 '-이'를 붙여서 상실이로, 다시 상수리로 불리었다는 이야기도 있습니다.

참나무 6형제는 잎으로 구분합니다. 떡갈나무, 신갈나무, 갈참나무, 졸참나무는 잎이 조금 넓은 편으로 비슷한 생김새를 지니고 있습니다. 상수리나무, 굴참나무는 잎이 길쭉하고 가장자리에 바늘모양의 톱니가 있는 점이 다릅니다. 상수리나무와 굴참나무의 가장 큰 차이는 잎의 뒷면에서 찾을 수 있습니다. 잎 뒤에 털이 없으면 상수리나무, 털이 있으면 굴참나무로 알아봅니다. 이번에는 꽃을 살펴봅니다. 참나무의 꽃을 본 적이 있나요? 우리가 흔히 생각하는 꽃과는 다른 모양새로 꽃의 고정관념을 깨뜨리기 때문에 이를 알아보는 이가 많지 않습니다. 수꽃은 원숭이 꼬리처럼 길게 늘어지며 피어납니다. 비교

상수리나무의 열매로 묵을 만들어 수라상에 올렸다고
해서 '상수라'가 상수리로 변형되었다고 합니다.

잎 꽃 열매 수형

적 눈에도 잘 보일만큼 많이 달리니 꽃의 생김새를 알고 난 뒤에는 어렵지 않게 찾을 수 있습니다. 하지만 암꽃은 크기도 작고 게다가 높은 나무 위 가지에 피기 때문에 찾기가 여간 어렵습니다.

그러고 보니 상수리나무와 굴참나무의 공통점이 하나 더 있습니다. 바로 두 나무 모두 2년에 걸쳐 열매가 여뭅니다. 공식적인 명칭은 아니지만 목재의 강도를 나눌 때에도 상수리나무와 굴참나무는 강참나무로 분류하고 나머지 네 형제는 물참나무라 구분합니다. 여러 특징을 보니 상수리나무와 굴참나무는 참나무의 다른 네 형제와 다른 성격을 갖고 있네요.

여러 나무의 특징이 두루두루
굴피나무 ⑧

　　　절영해랑길에서는 다양한 나무가 자라고 있어서 서로의 모습을 비교하며 관찰하는 것이 가능합니다. 망원경이 준비되어 있다면 높거나 멀리 있는 것을 당겨 보며 관찰의 즐거움이 몇 배로 증가할 것입니다. 구불구불 흰여울문화마을의 골목길처럼 휘며 자라난 가지 윗부분에 열매가 장식처럼 달린 나무가 자주 보입니다. 굴피나무라는 이름을 가지고 있습니다. 이 나무는 사람들이 의외로 잘 모릅니다. 그 이름 때문에 여러가지 혼선을 만들기도 합니다. 혹시 굴피집이 떠올랐나요? 굴피나무와 굴피집은 전혀 관계가 없지만 이름으로 인해 많은 이들이 헷갈려 합니다. 굴피집에서의 굴피는 굴참나무의 껍질이라는 뜻입니다. 산간지방에서 화전민이 굴참나무 껍데기를 이어 지붕을 만든 집을 굴피집이라 하였습니다. 그러므로 중부 이남부터 흔하게 자라는 굴피나무를 재료로 선택하긴 어려웠을 것입니다. 굴피나무라는 이름은 낯설지만 우리나라의 여러 유적지에서 굴피나무로 만든 유물이 출토되는 것을 보면 아주 오래전부터 우리 땅에 터를 잡아 온 나무인 건 분명합니다.

나무의 생김새를 보면 잎이나 수피가 가죽나무와 닮아서 산가죽나무로도 불립니다. 꽃은 밤나무와 비슷하지만 밤나무 꽃은 아래로 굴피나무 꽃은 위로 뻗은 모습이 다릅니다. 열매는 사방오리나무와도 닮았습니다. 굴피나무의 잎을 빻아서 물에 넣으면 물고기들이 떠오르는

무엇보다도 절영해랑길 굴피나무의 백미는 추운 계절에 돋보입니다.

잎 / 꽃 / 열매 / 수형

데, 때죽나무 열매를 찧어 물에 풀어도 같은 현상이 일어나 두 나무의 독성이 생활에서도 유용하게 활용되었음을 알 수 있습니다. 줄기는 그물을 염색할 때 사용하면 부식을 방지하는 효과가 있습니다. 이런 용도로 사용된 나무로는 오리나무가 있습니다.

굴피나무는 이처럼 생김새에서부터 쓰임새까지 여러 나무를 두루 모아 놓은 듯 다양한 모습을 지닌 나무입니다. 무엇보다도 절영해랑길 굴피나무의 백미는 추운 계절에 돋보입니다. 겨울이 되면 잎을 떨군 가지마다 작은 솔방울처럼 끝이 뾰족한 열매가 붙어 있는 군락이 바다를 배경으로 장관을 이룹니다.

시대에 따라 다른 상징으로
복사나무 ⑨

　3월 절영로에서 만나는 대표적인 봄꽃은 복사꽃입니다. 가지를 따라 분홍색으로 올라오는 꽃을 보면 이제 봄이 시작되는구나 하는 생각이 듭니다. 그만큼 절영로 곳곳에 복사나무가 있습니다. 그중 함지골 버스정류장에서 절영로로 내려가는 초입에 꽤 큰 복사나무가 있었는데 무슨 이유인지 베어졌습니다. 꽃이 핀 꽤 굵은 가지가 잘렸습니다. 산책길을 자주 오가다 보면 이정표처럼 삼는 나무들이 있습니다. 꽃이 피면 반갑다고 인사를 건네고 열매가 열리면 꽃에 비해 열매가 너무 없는거 아니냐며 타박도 해보고 더운 여름에 잎이 처져 있으면 너도 덥구나 나도 덥다 좀만 버텨보자하며 응원해주는 나무들 말입니다. 그런 나무들이 어느날 베어지면 속상한 기분이 마음에 가득합니다. 매해 그런 나무들이 생기는데 2021년에는 함지골 복사나무가 더해졌습니다.

　복사나무는 많은 상징을 지니고 있습니다. 꽃은 무릉도원으로 인도하는 이정표로, 가지는 귀신을 쫓는 벽사 도구로, 복숭아는 장수를 의미합니다. 복사나무와 관련된 설화 중에서 삼시충 이야기가 흥미롭습니다. 삼시충은 사람 몸에 있다고 믿어 온 세 마리의 벌레를 말합니다. 이 벌레는 모든 사람의 머리, 가슴, 배에 한 마리씩 있는데 이녀석들

꽃은 무릉도원으로 인도하는 이정표로, 가지는 귀신을 쫓는 벽사 도구로, 복숭아는 장수를 의미합니다.

이 60일에 한번씩 사람 몸에서 나와 하늘의 천제에게 사람의 나쁜 짓을 고자질 합니다. 나쁜 짓에 따라 사람의 수명이 줄어든다고 하는데, 삼시충을 밀어내는 것이 복사꽃이라고 합니다. 이런 상징이나 설화들은 중국이나 도교의 영향을 받은 것이라 합니다. 하지만 이런 굳건했던 상징들은 세월이 지남에 따라 퇴색되고 변해갑니다. 지금 세대에게 복숭아가 지닌 장수의 상징보다 이모티콘의 캐릭터로 더 친숙하지 않을까요? 변하는 것은 상징뿐만이 아닙니다.

복숭아에 대한 기록은 대략 서기 1세기부터 등장합니다. 꽤 오랫동안 재배 해 온 나무라는 증거입니다. 하지만 지금 우리가 먹는 복숭아는

1900년대 초반에 들어온 개량종이라 합니다. 그렇다면 그전에 이 땅에서 자란 복숭아는 어떤 맛이었을지 궁금합니다. 콩 심은 데 콩 나고 팥 심은 데 팥 난다는 속담이 있습니다. 속담이 맞다 틀리다 말하는 것이 이상하지만 우리가 먹는 농산물에 있어서는 틀린 말이 되어가고 있습니다. 마트에서 채소나 과일을 사 먹고 그 씨앗을 심으면 우리가 알고 있는 열매가 맺힐까요? 생물은 다양성을 추구하도록 진화해왔습니다. 그런데 우리가 먹는 채소나 과일은 균일한 크기에 일정한 맛을 가져야 상품성이 있습니다. 육종을 하거나 접붙이기 등의 방식으로 재배된 식물입니다. 감 씨를 심어도 고욤이나 돌감이 자라고 배와 사과도 마찬가지입니다. 채소의 경우도 세대가 지날수록 열성인자가 더 나올 수밖에 없습니다. 절영로 산책길에서 만나는 복사나무에도 개복숭아가 열립니다.

함지골 쌈지공원 ⑤

　　함지골 (청소년 수련관의) 버스정류장과 하늘전망대 사이에 작은 규모의 쌈지공원이 있습니다. 몇 해 전 겨울에는 쌈지공원의 자그마한 나무 데크 무대에서 머리칼이 희끗한 노신사가 깔끔한 매무새로 아코디언을 경쾌하게 연주하는 모습을 보았습니다. 도심 속 작은 공원은 누구나 자신의 목적에 따라 쓰임새가 달라지기도 하고 나의 것을 다른 이와 나눌 수 있는 열린 공간이어서 매력적입니다. 조명도 음향장비도 덜어낸 소담한 무대가 담백하여 오래 인상에 남았습니다. 함지골 쌈지공원은 삼삼오오 담소를 나누거나 운동기구에서 시간을 보내는 이들이 늘 보입니다. 사람이 모여드는 곳은 그만한 이유가 있는 법입니다.

함지골 아카시아를 아시나요? ⑥

　함지골에는 두 종류의 아카시아가 있었습니다. 있었다고 말하는 이유는 현재 그 모습을 찾기 어려워서 입니다. 먼저 봄이면 달큰한 향기로 함지골 주변을 가득 채우던 첫 번째 아카시아는 아까시나무입니다. (아카시아와 아까시나무는 엄연히 다른 종입니다만, 그 이야기는 잠시 뒤로 미루겠습니다.) 1950년부터 1970년대까지 봉래산 자락인 흰여울문화마을부터 함지골 오솔길에는 아카시아 나무가 군락을 이루고 있었습니다. 그만큼 흔히 볼 수 있던 나무였습니다.

구 아까시아집 자리에 있는 매점

　"그 당시만해도 아카시아 나무가 참 유행됐었어. 걸을 때 아카시아가 좌악 꽃도 하얀 꽃이 주렁주렁 펼쳐저가 그랬어. 많았어. 우리 저 파란집 거 앞에도 터가 많아 가지고 아카시아가 한 그루 두 그루 세 그루... 한 네 다섯 그루 있어가지고 우리가 저 줄로 매달아가 그네 타듯이 놀고 그랬지."

　"아카시아 꽃잎을 따가꼬 술을 담아 놓으면 술이 그렇게 맛있어. 그렇게 많이 담아 먹었어. 보름만 담가 놓으면 꿀맛이야. 사람들이 아카시아 가공해서 아카시아 꿀맛 해가지고 많이 팔았어."

"봉래산에 아카시아나무가 많이 있었단 말이에요. 특히 해안산책로 근처에 아카시아 나무가 많았고, 봄에 꽃이 피잖아요. 아카시아 집에 오면 꽃과 향기가 끝내주잖아요. 향기도 좋고, 꽃도 좋고, 사람도 많이 안다니니까. 길도 바다도 좋고 하는게 소문이 나서 그 길이 정말 천혜의 데이트코스가 되고 그랬죠."

또 다른 아카시아는 바로 연인들의 데이트 명소였던 '아카시아집'입니다. 함지골 근처에는 해안경비대가 두 곳이나 있었습니다. 경비대 면회객이 이용하던 휴게소를 겸한 음식점으로, 그 이름을 아카시아라 부를 만큼 절영로에서 아카시아 나무가 많았습니다. 봄마다 아카시아 꽃이 만개하고 하얀 꽃송이로 오솔길이 뒤덮이는 모습을 보기 위해 사랑하는 이의 손을 꼭 잡은 연인들이 이길을 걸었다고 합니다. 아카시아 휴게소는 2000년 초에 영업을 종료하였다는데 정확한 시기는 어디서도 찾지 못하였습니다. 그 많던 아카시아는 어디도 갔을까요?

"해방되고 난 후 우리나라의 산이 너무 헐벗고 있었기 때문에 아카시아가 빨리 자라니간 산에다 많이 심었단 말이게요. 삼림은 우거지고 좋은데, 그게 결국에는 다른 초목을 못 자라게 하고 산을 황폐화 시킬 문제가 있기 때문에 다시 70년도 후반부터 아카시아를 다 죽이기 시작했어요. 아카시아를 잘라내고 그 위에 근사미 약을 삭 발라 놓으면 아카시아가 천천히 말라 죽는 거예요."

오해는 이제 그만
아까시나무 ⑩

혐오나 헛소문은 사람 사이에서만 만들어지는 건 아닌가 봅니다. 특정 식물에 대한 무성한 소문이 있었는데요. 함지골에 그 많던 아까시나무의 이야기입니다. (잠시 미뤄두었던 이야길 하자면) 우리에게는 아까시나무 보다 아카시아가 더 익숙합니다. 아까시나무는 1891년 일본인에 의해 처음 우리나라에 들어왔습니다. 아까시나무의 학명은 슈도아카시아 *Robinia pseudoacacia* 로 가짜 아카시아라는 뜻입니다. 일본어 이름 역시 가짜 아카시아라는 학명을 그대로 따라 니세아카시아ニセアカシヤ라 하였는데, 우리나라에 들어오면서 아카시아가 되어 버립니다. 문제는 아카시아라는 나무가 따로 있었다는 것입니다. 물론 우리나라에서 쉽게 접할 수 없는 나무인데, 그래도 두 나무가 헷갈릴 수 있으니 한국산림과학회(구 한국임학회)에서 아까시나무라고 명칭을 바꾸어 부르기로 하였습니다.

아까시나무는 1970년대까지 황폐한 우리 산에 심어져 지금의 푸른 숲이 되기까지 일등공신이라 할 수 있습니다. 하지만 여러 오해를 얻어 수난을 겪기도 했습니다. 우리 산을 망치려고 일본이 심은 나무라거나, 다른 나무의 생육을 방해한다거나, 뿌리가 관을 뚫고 들어간다는 등의 해괴한 소문 말입니다. 하지만 모두 사실이 아닙니다. 아까시나무는 척박한 땅에서도 잘 자라므로 해방 이후 붉게 변한 민둥산에 많이 심었습니다. 나무를 베어도 다시 싹이 잘 나오기 때문에 땔나무로 꿀을 생산하는 것 외에도 이산화탄소의 흡수력이 우수하고 목재로서도 내후성이나 휨강도 등이 뛰어나 아까시나무의 가치를 다시 바라보고 있습니다.

잎 / 꽃 / 열매 / 수피

쓰기에도 좋았다고 합니다. 또한 아까시나무는 대표적인 밀원식물로 우리나라 꿀 생산량 중 70%를 차지하는 중요한 식물자원입니다. 이처럼 중요한 식물자원인 아까시나무는 수명이 길지 않아 숲의 천이과정에서 자연스럽게 밀려나며 산림에서 차지하는 비중이 많이 줄어드는 나무에 속합니다. 꿀을 생산하는 것 외에도 이산화탄소의 흡수력이 우수하고 목재로서도 내후성이나 휨강도 등이 뛰어나 아까시나무의 가치를 다시 바라보고 있습니다. 산림청에서는 2016년부터 우리 산림에 아까시나무를 다시 심기 시작하였습니다. 소중한 식물자원인 아까시나무에 대한 오해는 이제 그만 풀어버릴까요?

빨갛다 못해 붉다
붉나무 ⑪

여름이 되면서 계단 위로 가지를 뻗어 그늘을 만들어 주는 나무가 있습니다. 이름이 쉬우면서도 어렵습니다. 몇 번을 이야기해야 겨우 이름을 이해합니다. 붕나무요? 북나무요? 아니요. 빨갛다 할 때 '붉다'의 붉나무요. 붉나무라는 이름이 좀 생소하기는 합니다. 가을에 단풍이 들면 빨갛다 못해 붉게 물들어 붙은 이름입니다. 가을 단풍 중에서 붉은색으로 단풍나무를 이기고 붉나무라는 이름을 얻어내다니 대단합니다. 이름은 생소하지만 산에서는 의외로 쉽게 만날 수 있는 나무입니다. 잎 모양이 특색이 있어서 한번 찾으면 그다음부터는 눈에 잘 들어옵니다. 붉나무는 그 잎자루에 날개가 있어서 구분하기 쉽습니다.

붉나무 열매는 다 익으면 하얀 가루가 열매의 겉을 감쌉니다. 열매가 아니라 그 하얀 가루를 맛보면 시큼하면서 뒤끝이 짭니다. 나트륨의 짠맛과는 다른 칼슘의 시큼한 짠맛이지만 소금을 구하기 힘든 곳에서는 이 가루를 소금 대신 사용했다고 합니다. 아하! 이제 조금 의문이 풀립니다. 이 열매는 새들을 위한 것이었습니다. 새들은 알을 낳기 위해서는 칼슘을 섭취해야 합니다. 그래야 알껍데기를 만들 수 있습니다. 붉은색 열매에 칼슘까지 곁들여 새들을 유혹하다니. 붉나무는 번식에 진심입니다.

붉나무는 다른 이름도 많습니다. 소금이 나온다고 염부목, 소금나무로 불리기도 하고 천금목이라고 불리기도 합니다. 또 오배자나무라는 붉은색 열매에 칼슘까지 곁들여 새들을 유혹하다니.
붉나무는 번식에 진심입니다.

새순
잎
수꽃
열매

이름도 있습니다. 오배자는 약으로 쓰이는 것으로 붉나무에서 납니다. 하지만 뿌리 부분도 아니고 잎도 아니고 열매도 아닙니다. 붉나무에 생기는 벌레혹입니다. 예전부터 약으로도 사용하고 산업용으로도 사용하는 꽤 유용한 자원입니다. 붉나무는 그 붉은색 때문인지 귀신이나 병을 쫓는데 유용하다고 생각되었습니다. 장을 담글 때 붉나무로 만든 젓가락을 사용한다든지, 갓끈에 사용하기도 했습니다. 사람만이 아니라 소에게 생긴 병에도 풀에 붉나무 잎을 섞어 먹이로 주기도 했습니다. 이렇게 유용하게 사용되던 붉나무는 이제 이름도 낯선 나무가 되었습니다. 주목받는 삶에서 한발 빗겨 나 그저 숲속의 나무 중 하나로 사는 것도 나쁘지 않나 봅니다.

물이 좋아
오리나무 ⑫

    함지골 버스정류장에서 바닷가로 내려가는 계단에서 만날 수 있는 나무가 있습니다. 이름도 재미있는 오리나무입니다. 사방오리나무나 물오리나무는 숲에서 많이 보이지만 오리나무는 그렇지 않습니다.

해방 이후 전국 대부분의 산은 벌거숭이 붉은 산이었습니다. 그때는 비라도 많이 오는 날이면 여기 저기서 토사가 휩쓸려 내려가 아래쪽은 홍수가 나곤 했습니다. 산의 모래나 흙이 쓸려 내려가는 것을 막기 위한 방편으로 나무를 심는 사방사업이 중요한 산림정책이었습니다. 중부지역에서는 사방림으로 물오리나무를 남쪽지역에서는 사방오리나무를 많이 심어 산에서 자주 보이는 나무가 되었습니다. 그에 비하면 오리나무는 물을 좋아해서 계곡이나 습지 근처에서 잘 자랍니다. 오리나무의 이름에 대해서는 오리마다 이정표로 심어두었기 때문에 오리나무라고 했다는 이야기가 많지만 구체적인 기록으로는 남아있는 자료가 없습니다. 오리나무는 예전부터 다양한 쓰임새를 지닌 나무였습니다. 물가에서 자라 습기에 강한 성질을 갖고 있어 나막신이나 그릇을 만드는 재료로 사용했습니다. 나무는 가벼우면서 뒤틀림이 적어 건축용으로 사용하기에도 좋았다고 합니다. 열매방울이나 껍질은 그

흥미로운 것은 결혼 예물에 등장하는 한쌍의
나무기러기나 별신굿탈놀이 하회탈이 오리나구가 재료
라는 점입니다.

잎 꽃
열매 수형

물 염색에 사용하였습니다. 오리나무로 염색을 하면 물고기가 경계를
덜할 뿐만 아니라 철이나 소금을 매염제로 사용해서 염색을 하면 그
물이 더 질겨진다고 합니다. 그 중 흥미로운 것은 결혼 예물에 등장하
는 한쌍의 나무기러기나 별신굿탈놀이 하회탈이 오리나무가 재료라
는 점입니다. 나무의 실용적인 측면도 있겠지만, 오리나무를 신성하
게 여겨왔던 풍습이 엿보였던 건 아닐까 상상해 봅니다. 함지골 외에
도 절영로에는 물 가까이 오리나무가 종종 보입니다. 그런걸 보면 오
리나무들이 용케 물을 쫓아 여기까지 왔구나 하며 신기한 마음이 들기
도 합니다.

계절 시계를 잃어버리지 말아줘
벚나무들아 ⑬

　　봄날의 꽃놀이는 왠지 어머니의 놀이였는데 어느새 나의 놀이가 되었습니다. 봄 소풍가는 기분으로 간단한 간식거리 챙겨서 꽃구경을 갑니다. 봄에 꽃을 피우는 나무는 많지만 그중에서 가장 대표적인 것이 벚나무입니다. 벚꽃길로 유명한 지역이 아니더라도 집 가까운 곳에서 꽃구경을 할만한 벚나무길이 분명 있을 겁니다. 동네 앞 도로에 벚나무가 심어져 있습니다. 꽃이 피면 저녁 산책을 합니다. 달밤에 꽃은 하얗고 반짝여 신비롭게 보입니다. 매일 걷던 길이 완전 다른 세계 같습니다. 꽃이 질때까지 그 길을 몇 번이고 걸으며 곧 질 꽃들을 아쉬워합니다. 벚꽃은 꽃이 질 때 꽃잎이 한 장씩 떨어집니다. 꽃잎을 들어 살펴보면 잎의 가운데가 움푹 패여 있습니다. 벚꽃의 특징입니다. 바닥에 떨어져 파도치듯이 바람을 따라 움직이는 꽃잎들 중에 조금 다른 것이 있습니다. 꽃이 송이째 떨어져 있습니다. 이렇게 떨어지면 열매를 어떻게 맺나 걱정하며 나무 위를 올려보니 참새들이 열심히 꽃을 따먹고 있습니다. 너희들은 꽃을 이렇게 즐기는구나 생각하다 벚꽃의 맛이 조금 궁금해 집니다.

절영로에도 벚나무들이 꽤 있습니다. 특히 좋아하는 벚나무는 함지골 계단 아래 오리나무를 지나 초록이 하늘을 가린 비탈길 끝자락에 서 있습니다. 그곳은 짙은 바다가 한눈에 가득 들어오는 곳이라 모퉁이를 돌아내려가기 전 작은 계단참에서 늘 잠시 숨을 고릅니다. 소나무 그늘이 있어서 쉬어가기에도 그만이지만 맞은편에 바다를 배경으로 서있는 벚나무와 눈을 맞추기 위함입니다. 벚나무는 종류가 수십

이상 기후에 대하여 언급할 때에도 등장하는 것이 바로 엉뚱한 시기에 꽃을 피우는 벚나무인데 이런 이야기는 뉴스에서 심심치 않게 들립니다.

꿀샘
잎
열매
수형

여 종으로 정말 다양합니다. 도로나 가로수로 많이 심는 것은 왕벚나무입니다. 왕벚나무는 꽃이 피고나서 잎이 납니다. 꽃을 감상하기를 좋아하는 사람들에게 안성맞춤입니다. 산에서 만나는 종으로는 벚나무, 산벚나무, 잔털벚나무가 많습니다. 이 나무들은 꽃과 잎이 함께 나와 동시에 볼 수 있습니다. 조금 더 명확하게 구분하기 위해서는 꽃대 모양, 암술 털의 유무 등을 루페로 자세히 비교해 보아야 하지만 더 가까이 다가가기에는 가파른 절벽이라 오금이 저려옵니다. 식물에 대한 궁금증 보다 안전을 지키는 마음이 이길에서는 가장 중요합니다. 그저 멀리서 바라보는 것에 만족합니다.

봄이면 화사하게 거리를 물들이는 개나리, 벚꽃, 산수유, 매화, 목련, 진달래 등의 꽃나무는 저마다 꽃을 피우는 개화 시기에 차이가 있습니다. 봄바람 따라 꽃의 순서를 기다리는 것 또한 봄날의 기쁨이 되어주었습니다. 그런데 요 몇 년 사이에는 꽃들이 일시에 훅 피어 버립니다. 기후가 변화하면서 자연이 섬세하게 짜 놓은 계획표들이 조금씩 어긋나고 있는 것일까봐 걱정입니다. 이상 기후에 대하여 언급할 때에도 등장하는 것이 바로 엉뚱한 시기에 꽃을 피우는 벚나무인데 이런 이야기는 뉴스에서 심심치 않게 들립니다. 2020년에도 계절을 모르고 가을에 피어난 벚꽃이 언론에 보도되었습니다. 왜 벚꽃은 계절의 감각을 잊은 걸까요? 가을 벚꽃은 악천후의 영향 때문입니다. 나무는 일찌감치 내년을 준비합니다. 보통 여름이면 내년을 위한 눈을 만듭니다. 벚나무는 어떻게 계절의 변화를 아는 걸까요? 보통 나무는 밤의 길이로 계절을 알아냅니다. 거기에 더해 봄과 가을을 혼동하지 않기 위해 추위를 겪어야 개화를 할 수 있도록 설계되어 있습니다. 그런데 태풍이나 악천후는 나무에게 혼동을 줍니다. 적당한 밤의 길이, 악천후의 추위, 식물호르몬의 변화, 게다가 잎까지 떨구고 있다면 모든 조건이 맞아떨어지는 어느 날, 나무는 계절을 잃은 채 꽃을 피워버리는 것입니다.

폭포 아래 밥상 생각 ⑦

함지골 아래에는 봉래산으로부터 시원하게 쏟아지는 폭포가 흐르고 있습니다. 비가 내린 뒤에는 제법 물줄기가 굵어지고 평소에도 물이 잘 마르지 않습니다. 그래서인지 절벽 바위틈에는 도깨비고사리와 봉의꼬리 같은 양치식물이 자라나 더욱 싱그럽습니다. 폭포의 주변으로 개모시풀, 사철나무, 우묵사스레피처럼 여러 식물이 성장하고 있습니다. 계단을 내려가다 특이한 모양의 솔방울 하나를 주웠습니다. 솔방울을 자세히 보니 끝을 가늘게 잘려 있습니다. 누군가의 만족스러운 밥상이었나 봅니다. 머리를 들어 위를 보니 곰솔의 가지마다 조그마한 몸을 부지런히 움직이는 박새가 보입니다. 솔씨를 좋아하는 박새의 밥상인 걸까요? 솔방울 까기의 재주꾼인 청설모도 솔씨를 아주 좋아합니다.

청설모의 밥상은 마치 바삭하게 구운 새우튀김과 똑 닮았습니다. 박새도 청설모도 식사 후 어질러진 밥상은 딱히 치울 필요가 없습니다. 그들의 밥상은 모든 것이 그대로 자연으로 되돌아갑니다. 아침에 나오면서 서둘러 차린 나의 밥상을 되새겨봅니다. 누룽지를 끓이고 포장된 김 한 봉지를 뜯고 총각무김치와 마른 반찬이 놓인 식탁이었습니다. 여기서 그대로 자연으로 되돌아갈 수 없는 것이 몇 가지나 있습니다. 최근에 코로나19로 화석연료 사용량은 줄었으나 일회용품 사용이 증가하고 쓰레기는 늘었다는 언론 보도를 자주 접합니다. 그러고 보니 계단이며 바닷가며 숲 비탈까지 이 길에서 생각지도 못한 장소에서 쓰레기를 보았습니다. 막걸리병, 일회용 플라스틱 컵, 빨대, 유리병, 플라스틱 의자, 아이스박스, 정수기통, 냉장고까지 그 종류도 다양했습니다. 곰솔의 부러진 가지에 누군가 정성스레 꽂아 두었던 일회용 종이컵을 멀리서 보고 다른 나무로 착각했던 황당한 일은 그 뒤로도 여러 번 반복되었습니다. 왜 쓰레기를 아무 곳에나 버리는 걸까요? 으래전 우리의 생활에서 나오는 쓰레기는 계단의 솔방울처럼 모두 자연으로 돌아가는 것이었습니다. 하지만 현대사회에서 만들어지는 쓰레기는 자연이 분해하기에 너무 오랜 시간이 걸립니다. 더군다나 플라스틱 쓰레기는 미세하게 마모되어 바닷속 해양생물의 체내에 축적되고, 생활쓰레기는 썩으면서 토양이나 바다를 오염시키게 됩니다. 결국 누군가 버린 쓰레기는 반드시 누군가 손으로 치워야 합니다. 그렇다면 가장 쉬운 방법은 가져간 사람이 다시 가지고 돌아가는 것이 아닐까요?

너에게 독립하도록 바늘을 줄께
도깨비바늘 ⑭

절영로에서 도깨비바늘을 알려준 건 네발나비입니다. 보통 위쪽을 두리번거리며 걷다보면 풀은 지나치기 쉽습니다. 가을날의 따뜻한 햇볕에 나비들이 많이 날아다니는 날이었습니다. 나비를 쫓아가니 나비가 도깨비바늘에 앉아 꿀을 빨아먹습니다. 그때부터는 그곳에 핀 도깨비바늘이 눈에 들어오기 시작합니다. 도깨비바늘, 울산도깨비바늘, 가막사리까지 비슷비슷한 풀들이 많이 자라고 있습니다. 아무래도 꽃이 있을 때 가장 구분하기 쉽습니다. 산에 다녀오면 이름은 몰라도 옷에 찰싹 달라붙어 온 씨앗을 한 번은 만나 보았을 겁니다. 바늘처럼 생긴 씨앗이 어느새 아무것도 모르는 사이 도깨비처럼 붙어 있으니 도깨비바늘이라 불릴만합니다. 가을이라면 노랗게 핀 꽃을 자세히 관찰해보기 바랍니다. 한 송이로 보이는 꽃은 실은 여러 개의 아주 작은 꽃이 모여 한 송이처럼 보이는 것입니다. 그건 국화과에 속한 식물의 특징입니다. 우리가 잘 아는 민들레도 국화과로 여러개의 작은 꽃이 모여 하나의 꽃으로 보이는 것입니다. 국화과 식물들은 씨앗에게 독립할 수 있도록 선물을 하나씩 줍니다. 민들레 씨앗처럼 갓털이 달아두어 바람을 타고 멀리 여행을 떠나도록 하거나 도깨비바늘처럼 가시나 갈고리를 장착해 지나가는 동물에 무임승차를 시키기도 합니다. 지구

바늘처럼 생긴 씨앗이 어느새 아무것도 모르는 사이
도깨비처럼 붙어 있으니 도깨비바늘이라 불릴만합니다.

를 정복하기 위해 여기저기 씨앗들을 보내는 전략은 성공적이라 할 만합니다. 지구에 가장 광범위하게 퍼져있는 식물군 중 하나가 바로 국화과 식구들이기 때문이죠.

놀라운 세계를 품고 있는
번행초 ⑮

　조금은 가파르고 좁은 계단을 내려오니 다시 바닷가입니다. 사람들이 쉬어갈 수 있게 만들어놓은 그늘막 앞에 앉아서 바다를 바라봅니다. 바다 위 배들이 더 크게 보입니다. 간단한 간식을 먹고 물도 마시고 이제 툭툭 털고 일어나 열 걸음도 못가서 다시 주저 앉았습니다. 바로 옆에서 함께 바다를 바라보고 있던 풀이 있었습니다. 번행초는 잎은 어딘지 시금치를 닮았습니다. 봄부터 가을까지 피는 꽃을 찾으려면 무릎을 구부리고 엎드러서 얼굴을 바짝대야 합니다. 꽃이 줄기 가까이 붙어 있습니다. 찾았습니다. 꽃이 염소의 눈동자를 닮았습니다. 식물들은 의외로 기하학에 강합니다. 고사리처럼 복잡하지만 규칙적인 모듈을 만들어 내거나 풀이나 나무가 잎을 규칙적으로 배열해 놓은 패턴을 보면 대단하다는 생각이 듭니다. 번행초의 직사각형 꽃은 생소하면서도 친근하게 느껴집니다. 아마도 그건 지구 상 생물체 중 가장 직사각형과 가까운 생물이 사람이라 그런가 봅니다. 기왕 가까이 간 김에 확대경을 대고 잎을 살펴보니 놀라운 세계가 한 번 더 펼쳐집니다. 번행초는 잎도 꽃도 꽃 속까지 모두 투명한 유리구슬 같은 것들로 빼곡하게 덮여 있습니다. 햇빛에 반사되어 영롱하게 빛이 산

번행초는 잎도 꽃도 꽃 속까지 모두 투명한 유리구슬 같은 것들로 빼곡하게 덮여 있습니다.

란하는 미세한 동그라미가 금방이라도 쏟아질 것처럼 보이지만 육안으로는 조금 밝은 연둣빛에 불과하니 번행초를 만나러 가는 길은 꼭 확대경을 지참합시다.

속이고 속고 드라마틱한
천선과나무 ⑯

바닷가에서 볼 수 있는 나무가 있습니다. 영도의 절영로, 이기대, 몰운대 등 바다가 가까운 숲에서 만날 수 있는 나무입니다. 천선과나무입니다. 이름을 풀이하자면 하늘의 신선이 먹는 과일이란 뜻입니다. 맛이 궁금하시겠지만 우선 천선과나무에 대해 알고 먹을지 말지 결정하는 게 어떨까요? 우선 천선과가 어떻게 열매를 만드는지 알아야겠지요. 천선과나무는 천선과좀벌이라는 곤충이 수정매개자입니다. 천선과나무와 천선과좀벌은 그들의 생태나 생활 사이클을 서로에게 맞춰 적응하면서 진화했습니다. 이것을 공진화라고 합니다. 하지만 둘 사이는 선의로 이어진 관계는 아닌 것 같습니다. 천선과나무가 먹을 것과 살 곳을 제공한다며 판을 짜놓으면 천선과좀벌은 목숨을 걸고 천선과 수꽃을 찾아 나섭니다. 천선과꽃주머니를 들어가는 방법은 위쪽에 있는 구멍을 통해 들어가야 하는데 그곳은 얇은 막을 겹쳐놓아서 천선과좀벌이 통과하면 날개를 잃어 다시 나올 수 없게 만들어졌습니다. 단 한 번의 기회입니다. 영리한 천선과나무는 암꽃주머니와 수꽃주머니를 겉에서는 구분하기 힘들게 만들어놨습니다. 이제 천선과좀벌은 선택을 해야 합니다. 속이고 속고 누구에겐 치열하고 드라마틱한 사건들 천선과나무와 천선과좀벌은 그들의 생태나 생활 사이클을 서로에게 맞춰서 적응하면서 진화했습니다. 이것을 공진화라고 합니다.

이 한적한 바닷가의 나무에서 일어나고 있다고 생각하니 자연의 또 다른 얼굴을 본 것 같습니다. 자 이제 여러분도 이 도보에 참여하시겠습니까? 하나는 달콤한 천선과 하나는 천선과좀벌이 들어있을 수꽃주머니. 아니라면 마트에서 무화과를 사는 것을 추천해 드립니다.

두 번 꽃을 피운다
동백나무 ⑰

　　동백과 이어진 아주 먼 기억을 더듬어 가면 외할머니가 계십니다. 할머니에 대한 기억을 떠올리면 한복차림에 쪽머리를 하시고 짓궂은 장난을 치곤 하셨던 모습이 떠오릅니다. 나중에 듣기로는 할머니는 동백기름이 든 작은 병을 갖고 다니셨다고 합니다. 물론 이 기억이 동백나무로 이어지는 건 그 후로도 시간이 많이 흐른 뒤입니다.

동백나무는 상업적으로 가장 성공한 나무 중 하나입니다. 관상을 위해 많은 품종이 만들어졌습니다. 가장 유명한 동백꽃은 아마도 샤넬 케이스를 장식하고 있는 동백이 아닐까 싶습니다. 동백은 장미와 비교될 만큼 화려합니다. 동백과 장미를 비교하자면 장미는 꽃잎이 하나씩 떨어집니다. 동백은 통으로 떨어지며 꽃잎이 다 붙어있습니다. 장미는 향이 강하지만 동백은 향이 거의 없습니다. 피는 시기도 장미는 더워지면 꽃을 피우고 동백은 추울 때 꽃을 볼 수 있습니다. 장미는 덩굴이나 관목의 형태인데 동백은 꽤 그럴듯한 나무에서 피어납니다. 장미와 동백을 비교한 것은 아마도 제 경험 때문일 것입니다. 처음에는 동백을 보고 장미인 줄 알았습니다. 그래서 둘을 비교하면서 보게 되었습니다. 절영로에는 다양한 동백이 심겨 있어 꽤 긴 시간 동안 동백꽃을 감상할 수 있습니다. 이 길의 끝에 있는 동백은 2월이면 꽃을 볼 수 있습니다. 손바닥에 가득 찰 만큼 큰 꽃송이의 화려한 꽃을 보기 위한 동백나무입니다.

절영로에는 다양한 동백이 심겨 있어 꽤 긴 시간 동안 동백꽃을 감상할 수 있습니다.

동백나무는 사계절 푸른 잎을 달고 있습니다. 그래서 그 영양분으로 크고 화려하게 꽃을 피울 수 있습니다. 꽃이 피는 시기가 이르기 때문에 수분을 곤충에게 의지하기보다는 새와 협력합니다. 동박새라는 참새만 한 크기의 연두색 새와 협업을 합니다. 새에게 충분한 보상을 하기 위해서 곤충을 이용하는 꽃에 비해 많은 꿀을 만듭니다. 꽃은 통으로 붙어있어서 떨어질 때도 꽃의 형태를 유지하면서 떨어져 꽃을 두 번 피운다고도 합니다. 동백은 씨앗에서 얻은 기름도 냄새가 적습니다. 머릿기름은 물론이고 등잔을 켤 때나 식용으로도 사용할 수 있는 다용도 기름입니다. 꽃나무로만 알고 있기에는 아쉽습니다.

유동나무 의 수수께끼 ⑱

　　처음에는 열매였습니다. 아직 길도 낯설었던 시기에 그곳에서 바닥에 떨어져 있는 열매를 주었습니다. 칠엽수 열매와 비슷하게 생겼는데 단단하고 끝이 뾰족한 모양이었습니다. 열매의 주인을 찾아 나무들을 둘러보니 다행히 아직 열매를 달고 있는 나무를 찾았습니다. 가지가 시원하게 뻗고 잔가지가 많지 않습니다. 제대로 된 모습을 보려면 봄이 되어야겠구나 생각했지만, 잎을 보고 꽃을 보고 열매를 다 보기까지 2년이 걸렸습니다. 계단을 따라 올라가면 꽤 여러 그루가 있습니다. 유동이라는 조금 생소한 나무였습니다.

　　나무보다는 씨앗에서 짜낸 기름이 더 유명합니다. 동유 또는 텅오일입니다. 기원전부터 중국에서는 가구의 마감재나 돛의 방수를 위해 동유를 사용했다고 합니다. 습기에 강하고 건조하며 시간에 지남에 따라 나무의 색이 짙어지고 중후해지는 장점이 있습니다. 지금의 합성 마감재는 따라올 수 없는 기능성을 갖고 있습니다. 일본과 중국에서는 연료로서의 가능성도 연구했지만 성공하지는 못했습니다.

칠엽수 열매와 비슷하게 생겼는데 단단하고 끝이
뾰족한 모양이었습니다.

절영로에 있는 유동을 살펴보면 그 굵기나 크기가 비슷해 누군가 특정 시기에 심어 놓은 것으로 생각됩니다. 산책로에 바싹 붙어 식재된 것으로 보아 유동이 더 많았는데 산책로를 정비하는 과정에서 없어졌을 수도 있습니다. 조선 시대에나 일제강점기 때 동유를 사용하기 위해서 심었을 수도 있습니다. 그런데 유동의 수명은 그렇게 길지 않습니다. 풀리지 않는 수수께끼에 머리만 복잡해집니다. 버스를 타기 위해 위로 올라가는 계단참에 연세대학교 수목원이라는 간판이 보입니다. 저곳에서 심은 것인가? 그런데 여기에 왜 연세대학교 수목원이 있는 거지? 풀기 힘든 수수께끼만 더해집니다. 누가 심었는지는 모르겠지만, 5월 절영로를 걸을 기분 좋은 이유가 생겼습니다.

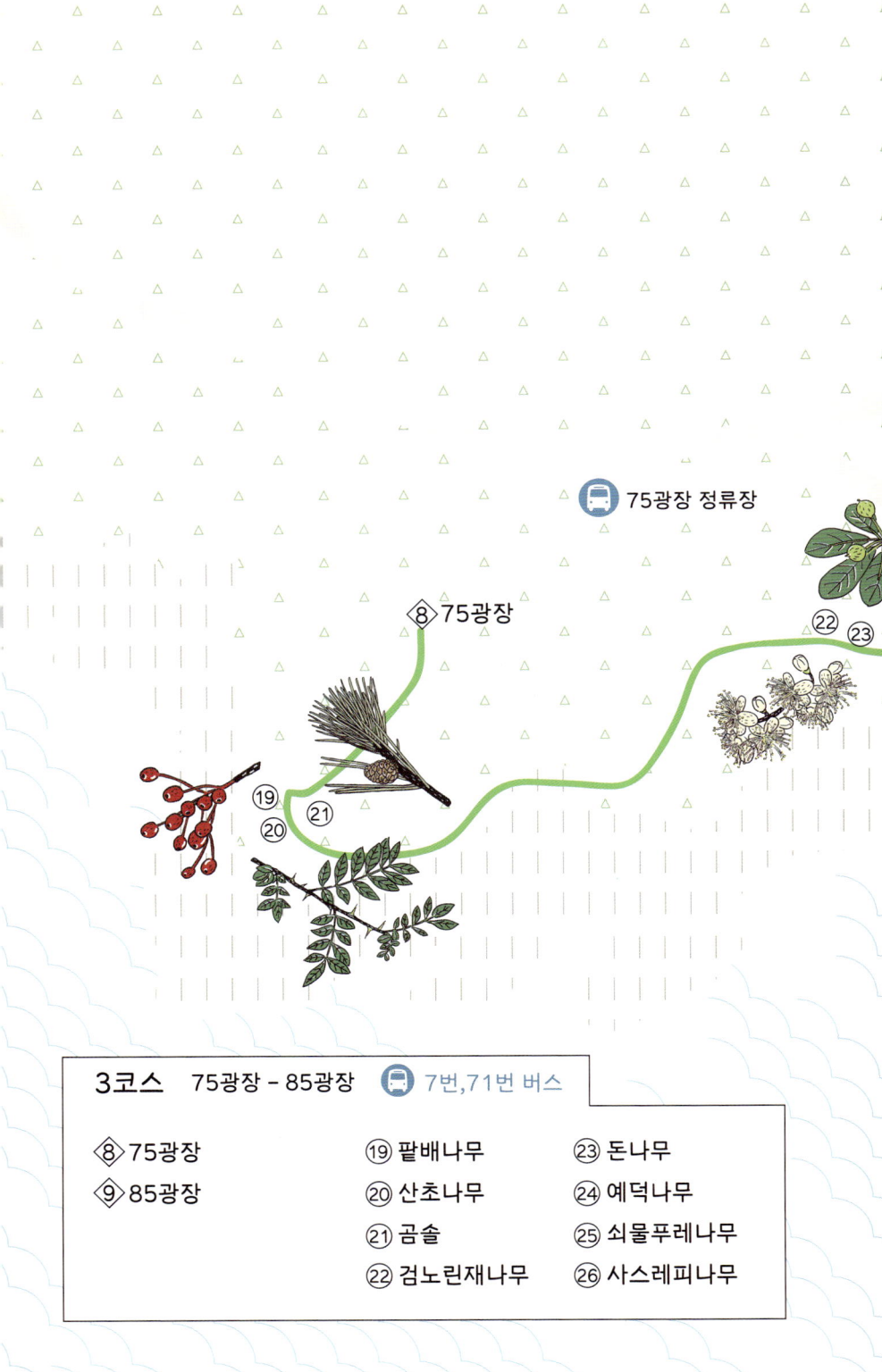

살뜰한 새의 이웃
팥배나무 ⑲

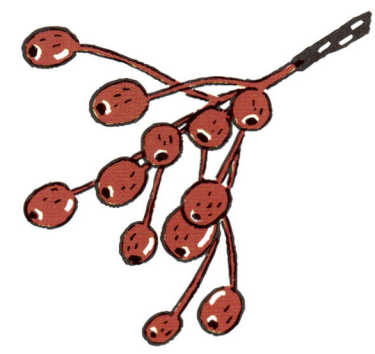

      75광장에서 절영해안산책로로 내려가는 길에서는 새소리가 많이 들립니다. 기분 탓일지 모르지만 말입니다. 식물은 곤충과 새를 불러 모읍니다. 그중 팥배나무는 겨울을 나는 새들에게 인기 있는 나무입니다. 열매가 워낙 많이 달려 겨울을 꼬박 지내도록 새들을 먹일 수 있으니 대단한 능력입니다.

꽃이 배꽃을 닮고 붉은색의 팥알 크기의 열매가 열려 팥배나무라는 이름을 얻었습니다. 그럴 듯 하면서도 조금 아쉬운 이름이라는 생각이 듭니다. 대신 지방마다 부르는 이름이 있었습니다. 평안도에서는 운향나무, 황해도는 물방치나무, 전라도는 물앵두나무, 강원도는 산매자나무, 제주도는 목세낭, 쇠개낭나무로 불렸습니다. 팥배나무는 우리나라 어느 지역에서나 만날 수 있는 나무이기 때문에 지역마다 부르는 이름이 있었을 것입니다. 팥배나무는 키가 적당히 커서 극상림이 되지는 못했습니다. 극상림에서 밀려나지만 척박한 땅에서도 잘 자라고 햇볕이 들지 않아도 버티고 추위도 이겨냅니다. 그래서 우리나라 어느 곳에서나 만날 수 있는 나무가 되었습니다. 여기까지는 팥배나무도 예상했던 것

열매가 워낙 많이 달려 겨울을 꼬박 지내도록 새들을 먹일 수 있으니 대단한 능력입니다.

입니다. 하지만 대기오염은 예상을 벗어난 변수입니다. 공해에는 약해서 팥배나무에게 도시는 금단의 땅이 되었습니다.

산초나무냐 초피나무냐 그것이 문제야
산초나무 ⑳

산초나무냐? 초피나무냐? 가끔은 어이없는 실수를 할 때가 있습니다. 안도현 시인은 구절초와 쑥부쟁이를 구분하지 못해 무식한 놈이라고 스스로를 타박하기도 했습니다. 그런 일이 저에게도 일어났습니다. 관찰하며 키우는 호랑나비 애벌레에게 산초나무를 주어야 하는데 실수로 초피나무를 먹이로 준 것입니다. 한나절이 지나서야 실수를 눈치채기는 했지만 애벌레가 나비가 되어 날아갈 때까지 마음을 졸였습니다. 제 실수에 변명을 하자면 산초나무와 초피나무는 비슷하게 생겼습니다. 솔직히 조금만 눈썰미가 있으면 충분히 구분할 수 있습니다. 가장 쉽게 구분하는 법은 가지에 가시가 하나씩 돋아 있으면 산초나무, 두 개가 쌍을 이루면 초피나무입니다. 잎의 모양도 비슷하지만 테두리의 선점이 초피나무가 훨씬 도드라집니다. 초피나무는 특유의 싸한 냄새가 강하게 납니다. 맛은 산초가 매운 정도면 초피는 얼얼해서 아픈 맛입니다. 산초나무는 전국에서 볼 수 있지만 초피나무는 따뜻한 지역에서 잘 자랍니다. 산초나무는 씨앗에서 기름을 짜서 이용합니다. 초피나무는 씨앗의 껍질을 가루로 만들어 향신료로 사용합니다. 추어탕 가게에서 제피라고 하는 그 향신료가 바로 초피의 씨앗 껍질로 만든 것입니다.

가장 쉽게 구분하는 법은 가지에 가시가 하나쓱 돋아
있으면 산초나무, 두 개가 쌍을 이루면 초피나무입니다.

잎 꽃
열매 수피

절영해안산책로에는 산초나무가 있습니다. 75광장까지 걸어오는 동안
보았을 수도 있습니다. 키가 크지 않아 눈에 띄지는 않지만 곳곳에 적
지 않은 수가 있습니다. 식물이 있으면 곤충과 새가 모여듭니다. 팥배
나무가 새들을 불러 모은다면 산초나무에는 호랑나비가 날아옵니다.
호랑나비 애벌레는 산초나무를 먹고 자랍니다. 팥배나무 밑에 산초나
무 그 잎 사이에 숨어있는 호랑나비 애벌레가 무사히 나비가 되기를 바
라봅니다.

소나무에게도 백신을
곰솔 ㉑

    곰솔은 검은 소나무입니다. 절영로처럼 바닷가 지역에서 자라며 나무껍질이 검은색이고 잎이 뻣뻣합니다. 바닷가의 소나무는 바닷물이나 바람으로부터 마을을 보호하기도 하지만 군함을 만드는 용도로 많이 사용되었기에 나라에서 관리하고 보호하는 나무이기도 합니다. 그래서 소나무를 벤다는 것은 오랜 세월 동안 금기시되어 왔습니다. 그런데 그것을 깨뜨리는 반갑지 않은 핑곗거리가 생겼습니다. 바로 소나무재선충입니다. 소나무재선충은 소나무에게 치명적입니다. 소나무재선충이 발생하면 소나무는 100% 말라죽습니다.

매개체가 곤충이다 보니 방재가 어려워 발생지의 소나무를 없애는 식으로 소나무재선충이 퍼지는 것을 막습니다. 숲에서 가끔 초록색 비닐로 덮어놓은 것을 본 적 있나요? 소나무재선충이 번지는 것을 막기 위해 소나무를 베고 약품 처리를 해 놓은 것입니다. 소나무재선충이 발생한 나무뿐만 아니라 그 근처에 있는 소나무도 예방적 차원에서 베어냅니다. 그렇게 수백만 그루의 소나무가 사라졌습니다. 다행히 백신이 개발되어 효과를 검증하고 있다고 합니다.

소나무는 우리나라 사람들이 가장 좋아하는 나무입니다. 오랜 세월 우리 생활에 영향을 준 나무이고 우리나라에 가장 많은 나무이기도 했습

숲에서 가끔 초록색비닐로 덮어놓은 것을 본 적 있나요? 소나무재선충이 번지는 것을 막기 위해 소나무를 베고 약품처리를 해 놓은 것입니다.

니다. 1930년대 조사에서는 우리 산림에서 소나무가 차지하는 비중이 75%였다고 합니다. 그 이후 소나무의 비중은 꾸준히 줄어들어 2013년에는 23% 정도가 되었습니다. 이것은 소나무 이외의 나무들이 많아졌기 때문일 수도 있지만, 기온 상승과 그에 따른 여러 전염병의 영향으로 소나무가 살기 어려운 환경이 되어가고 있기 때문일 수도 있습니다. 이건 지구가 우리에게 보내는 경고입니다. 지구로부터 이런 고지서를 받으면 어떻게 값을 치러야 하는지 몰라 두려워집니다. 고지서는 쌓여갑니다. 북극이나 남극에서 바다에서도 보내옵니다. 언제까지 외면하며 살아갈 수 있을까요?

자연의 색이 오래가도록 돕는
검노린재나무 ㉒

　　5월 초의 절영로를 걸으면 신록도 바다도 아름답지만 또 다른 즐거움이 있습니다. 향기로운 꽃들입니다. 그 중에 노린재나무가 있습니다. 향도 좋지만 솜털 같은 꽃도 풍성하게 피어 걸음을 멈출 수 밖에 없습니다. 이름이 노린재나무지만 곤충인 노린재와는 전혀 관련이 없습니다. 나무를 태운 재가 노란색이라서 노린재나무라는 이름을 갖게 되었다고 합니다.

꽃도 예쁘고 향도 좋은데 이 나무를 대표하는 성질이 재라니 의아할 수 있습니다. 노린재나무의 중요한 용도는 매염제입니다. 매염제는 옷감과 염료를 매개시켜준다는 의미입니다. 염료를 섬유와 결합시켜 잘 염색되도록 하거나 색이 잘 빠지지 않도록 하는 역할을 합니다. 매염제 중 가장 쉽게 구할 수 있는 것이 식물을 태운 재에 물을 섞어 사용하는 잿물입니다. 노린재나무는 잎을 태워 잿물을 만들면 누런빛이 도는 잿물이 됩니다. 그래서 노린재나무라는 이름을 갖게 된 것입니다. 자주색으로 염색할 때 자초(지치의 뿌리)와 노린재나무의 잿물, 매실을 이용했다고 합니다. 예전에는 염색이란 것이 아름다움만을 위한 것이 아니라 옷감이 상하지 않게 하고 냄새도 잡아주고 벌레가 먹지 않도록 하는 노린재나무를 태워 잿물을 만들면 누런빛이 도는 잿물이 됩니다. 그래서 노린재나무라는 이름을 갖게 된 것입니다.

기능적인 역할부터 사회적 지위를 상징하는 여러 가지 의미까지 담고 있었습니다. 그러니 자연에서 색을 찾고 그 색을 선명하게 하는 일이 참으로 중요했습니다. 그 흔적이 노린재나무라는 이름에 남았습니다. 검노린재나무는 열매가 검정색으로 익어서 노린재나무 앞에 '검'자를 넣어 검노린재나무가 되었습니다. 노린재나무는 중부지방에서 검노린재나무는 남부지방에서 만날 수 있습니다.

만리를 간다고? 냄새가 궁금한
돈나무 ㉓

　　돈나무는 만리향이라는 이름으로도 알려져 있습니다. 백리향, 천리향을 넘어 만리향이라니 대략 4000km까지 향기가 퍼지는 걸까요? 물론 말이 그렇다는 것이겠지만, 어쨌든 기대를 했습니다. 절영산책로 거의 모든 지점에서 볼 수 있는 나무이니 그 향이 얼마나 대단할지 절영로뿐 아니라 섬을 다 향기로 채우고도 남지 않을까? 하는 기대였습니다. 기대는 여지없이 무너졌습니다. 코의 후각 세포 중에 돈나무의 꽃냄새를 맡는 세포만 망가졌는지 냄새를 맡을 수 없었습니다. 아니면 시기나 시간대를 잘 맞추지 못한 것일지도 모르겠습니다.

돈나무라는 이름은 돈과 연결되기도 하지만 실은 제주도의 똥낭이라는 이름을 순화하여 돈나무라고 불렀다고 합니다. 화원에서 파는 금전수와는 다른 나무입니다. 돈나무의 잎은 끝이 둥글고 가지 끝에서는 동그랗게 모여나는 모습이 귀엽게 생겼습니다. 꽃은 하얗게 피었다가 노랗게 변합니다. 꽃의 색이 바뀌는 건 이미 누군가가 다녀 갔으니 다른 돈나무는 만리향이라는 이름으로도 알려져 있습니다. 백리향, 천리향을 넘어 만리향이라니 대략 4000km까지 향기가 퍼지는 걸까요?

꽃으로 가라고 곤충에게 보내는 신호입니다. 1.5cm 정도의 둥근 열매는 익으면 3개로 갈라지고 안에 빨간 씨앗이 나옵니다. 빨간 씨앗에는 콧물같은 것이 묻어 있습니다. 투명하고 끈적한 액체는 씨앗을 누군가에게 붙여서 이동시킬 것입니다.

어린잎에는 빨강 보호색
예덕나무 ㉔

　　　상록수가 많은 절영로지만 봄이 오면 여기저기 새순이 나와 무거웠던 녹색의 숲에 밝은 연둣빛 초록색이 더해집니다. 자세히 보면 초록색이 아닌 잎도 있습니다. 벚나무도 굴피나무도 붉나무도 새순이 붉게 올라옵니다. 식물의 잎이 붉게 보이는 것은 안토시아닌 때문입니다. 그중에서 가장 붉은 잎은 예덕나무입니다.

　바닷가 햇볕은 강한데 새로 나온 잎은 투명할 정도로 얇고 약합니다. 나무는 어린잎을 보호하기 위해서 안토시아닌을 이용해 자외선을 흡수합니다. 잎이 자라서 튼튼해지면 안토시아닌은 없어집니다. 잎은 우리가 아는 초록색이 됩니다. 예덕나무는 다른 나무와 다르게 붉은색 털로 어린잎을 덮어놓습니다. 일부러 털을 사용해서 잎을 덮어 놓았다면 다른 이유도 있을 겁니다. 강한 햇빛으로부터 어린잎을 보호하는 것 외에도 곤충이나 초식동물이 씹기 어렵게 털로 덮어 놓은 것일 수도 있고 갑자기 추워지는 날을 대비한 것일 수도 있습니다. 수분을 잃지 않기 위해서 털을 덮어 놓은 것일 수도 있습니다. 어쩌면 이 모든 것을 대비해서 붉은 털로 잎을 덮어 놨을 지도 모릅니다. 예덕나무는 꽤 조심성이 많은 나무인가 봅니다.

어쩌면 이 모든 것을 대비해서 붉은 털로 잎을 덮어 놨을 지도 모릅니다. 예덕나무는 꽤 조심성이 많은 나무인가 봅니다.

겨울눈 왕관 속에서 잎이 부풀어요
쇠물푸레나무 ㉕

　물푸레나무는 가지를 물에 넣으면 물이 파랗게 변한다고 붙여진 이름입니다. 쇠딱따구리, 쇠박새처럼 '쇠'가 이름 앞에 붙으면 작다는 의미로 많이 쓰입니다. 쇠물푸레나무는 물푸레나무보다 잎도 작고 키도 훨씬 작은 나무입니다. 하지만 쓰임새는 비슷합니다. 나무가 단단해서 내구성이 필요한 농기구를 만들거나 껍질을 진피라고 하여 약으로 사용했습니다. 절영로를 걷다 보면 드문드문 쇠물푸레나무를 만날 수 있습니다. 쇠물푸레나무는 겨울눈이 왕관같이 생겼습니다. 작은 틈도 없이 새순을 잘 싸고 있습니다. 봄이 오면 겨울눈이 부풀어 오르는 것이 눈에 보입니다. 어떤 예고편보다 더 기대하게 만듭니다. 일주일에도 몇 번씩 쇠물푸레나무를 찾습니다. 드디어 잎이 나왔습니다. 꽃도 함께입니다. 유난히 부풀었던 겨울눈은 잎과 꽃을 같이 담고 있었습니다. 다시 기다림의 시간입니다. 새로 난 잎이 진해지기 전에 꽃이 핍니다.

쇠딱따구리, 쇠박새처럼 '쇠'가 이름 앞에 붙으면
작다는 의미로 많이 쓰입니다. 쇠물푸레나무는
물푸레나무보다 잎도 작고 키도 훨씬 작은 나무입니다.

가지마다 핀 흰 꽃은 마치 응원수술을 올려놓은 듯이 보입니다. 영도의 바닷바람은 쇠물푸레 꽃으로 겨울을 지나온 스스로를 응원하는 것처럼 보입니다. 이 글을 읽으시는 분들도 응원이 필요하다면 4월의 쇠물푸레나무를 만나보세요.

강력한 신호에 응답하라!
사스레피나무 ㉖

절영로에서 푸른색을 담당하고 있는 나무입니다. 청섭나무나 청석나무로 불리기도 합니다. 어린 나무의 껍질을 벗겨 먹어보면 쌉싸래한 맛이 나서 사스레피나무라는 이름을 갖게 되었다는 이야기가 있습니다. 굳이 먹기 힘든 껍질 맛을 보고 이름을 지었을까 의문이 들었지만 오래전에는 산에서 구할 수 있는 하나하나가 귀한 식재료가 되어주던 시절도 있었겠지요.

사스레피나무는 사철 푸른 잎을 달고 있습니다. 나란히 촘촘하게 난 잎에 비해 꽃이 아주 작습니다. 그것도 가지에 바짝 붙어서 피어납니다. 눈으로도 잘 보이지 않는 꽃송이는 의외로 꿀을 지니고 있습니다. 하지만 곤충들에게 시각적으로 신호를 보내기에는 불리합니다. 그래서 사스레피나무는 강력한 화학적 신호를 보냅니다. 그 신호가 좀 더 향기로웠다면 사스레피나무가 더 사랑받았을까요? 하지만 사스레피나무가 원하는 상대는 사람이 아니라 곤충이니 상관이 없습니다. 사스레피나무는 염소나 사슴처럼 초식동물들이 좋아합니다. 잎이 도톰하고 테두리도 날카롭지 않으니 씹는 맛이 있을 거 같습니다. 제주도나 남해안에 사스레피나무는 강력한 화학적 신호를 보냅니다.
그 신호가 좀 더 향기로웠다면 사스레피나무가 더
사랑받았을까요?

서 쉽게 볼 수 있는 나무입니다. 잎이 있어도 잘 타고 맹아가 잘 나옵니다. 날씨만 따뜻하다면 척박한 곳에서도 무던히 자라는 나무입니다.

아웃트로

　　한때는 우리의 산이 상당히 황폐했던 적이 있습니다. 지금은 많은 노력으로 다양한 식물이 다시 우리 곁으로 돌아왔습니다. 온전한 자연을 유지하는 숲이란 어떤 모습일까요? 숲속에서 만나는 야생동물은 고라니처럼 초식동물이라도 덩치가 크고 속도가 빠르면 무섭습니다. 그런 의미에서 숲은 인간에게 두려운 대상이기도 합니다. 하지만 우리는 아직 원시 자연을 보유한 숲으로는 돌아가지 못하였습니다. 어쩌면 우리가 와일드한 숲을 허용하지 않는 것일지도 모릅니다. 나무 사이로 햇빛이 비치는 적당히 조성된 숲에서 신선한 공기를 마시면서 산책하는 인간 중심의 정돈된 숲을 원하는 건 아닌가요? 그렇게 숲은 다양성을 잃어가고 있진 않나요?

우리의 숲은 이제 식물이 자라고 다양한 생명체가 건강하게 관계를 형성할 수 있는 토대를 마련하게 되었습니다. 숲에도 유기물이 쌓이며 식물을 크게 키울 비옥한 땅이 준비되었습니다. 한 그루의 나무를 키우는 데 오랜 시간이 걸립니다. 우리가 상상하고 그리는 숲을 보는 것은 어쩌면 지금이 아닌 다음 세대 또는 그다음 세대가 될지도 모릅니다. 이제는 숲이 제대로 성장하도록 관리하고 보호하는 것에서 나아가 다음 스텝을 생각해야 할 때입니다. 여러분이 생각하는 이상적인 숲은 어떤 모습인가요?

군소 씨's 오감 일기

군소 씨's 오감 일기 3월 11일
냄새는 식물의 수다?

3월에 절영로를 걸으면
암모니아 냄새가 납니다. 냄새의
범인은 꽃입니다. 보통 꽃은 향기를 갖고
있는데 사스레피나무의 꽃은 냄새가 납니다.
앙증맞게 생긴 사스레피나무의 꽃은 가지에 바
짝 달라붙어 여러 송이가 모여 있습니다. 많은 꽃
이 다닥다닥 모여있는 모습은 바닷가 바위에 붙
어있는 담치와 비슷해 보입니다. 사스레피 꽃은
어쩌다 이런 냄새를 갖게 되었을까요?

우리는 후각의 중요성을 제대로 알지 못하고
있습니다. 후각은 (우리가 모르는 사이) 다양한 일을
해왔습니다. 기본적으로 냄새를 맡는 역할을 합니다. 그
리고 맛을 보는 일에도 도움을 줍니다. 맛을 보는 것은 미각
의 일이라고 생각하지만, 냄새를 맡지 못한다면 맛도 잘 느끼
지 못합니다. 재미있는 것은 냄새를 맡는 후각수용체는 코에만
있는 것이 아닙니다. 코 외에 근육이나 신장, 폐에도 후각수용체
가 있습니다. 쉽게 얘기하면 근육이나 신장, 폐도 냄새를 맡는 것
입니다. 코에서 받아들인 감각 정보가 뇌에서 처리되는 것과 달
리 다른 기관은 후각수용체가 냄새를 맡으면 바로 반응하며 작
용합니다. 그래서 폐나 신장에서 무슨 냄새를 맡았는지 뇌는
알지 못하는 것입니다. 그리고 코와 연결된 뇌 부분은 감정
과 기억을 담당하는 곳과 연결되어 있어서 후각은 개인의
경험이 냄새의 호불호에 크게 영향을 미치게 됩니다.
사람에게는 사적인 영역에 가까운 감각이지만 동
물과 식물에게 공적인 감각입니다.

대화를 하지 못하는 식물이나 동물에게는 중요한 의사소통 수단이 후각 정보입니다. 곤충의 경우 짝짓기를 할 때 후각을 많이 사용합니다. 특히 숲에서 시각보다는 후각이 유리한 이유는 여러 장애물이 있어서 시야 확보가 어려운 대신 후각은 장애물에 상관없이 사용할 수 있는 감각입니다. 식물이 서로 의사소통을 한다는 사실이 생소하게 들릴 수도 있습니다. 그러나 그 의미를 넓혀서 다른 식물의 상황이나 주변의 위험에 대한 정보를 알리는 것이라면 식물도 의사소통을 하고 있습니다. 정보는 소리가 아니라 여러 화학물질을 통해서 알려지며 그 정보를 받는 쪽은 수용체를 통해 받아들인 화학정보의 내용을 해석하고 반응하는 것입니다. 감각의 치환이 일어납니다. 우리에게 보이지 않지만 환상적인 소통이 이뤄지고 있는 것입니다. 숲에서 나는 냄새를 인간 세계로 바꾼다면 엄청 소란스러운 시장터 같지 않을까요. 냄새의 종류만큼이나 다양한 대화들이 식물과 곤충과 동물 사이에 오가는 것입니다. 그렇게 생각하면 나무나 풀들도 과묵해 보이지만 꽤 수다쟁이일듯 합니다. 3월이 지나고 4월에는 노린재나무, 쥐똥나무 5월에는 찔레꽃, 아까시나무 6월에는 장미, 7월 칡꽃이 다양한 향기를 풍기며 피어납니다. 식물들의 수다가 이렇게 향기롭다니 행복한 일입니다.

본격적인 더위는 아니지만 한낮에 절영로는 뜨겁습니다. 여름이 되면서 많이 볼 수 있는 하늘타리라는 식물이 있습니다. 하얀색 꽃 테두리에 실을 풀어 놓은 듯 신기한 모습을 하고 있습니다. 하늘타리는 덩굴 식물로 햇빛을 찾아서 숲 여기저기를 기어오릅니다. 하늘타리 외에도 개머루나 청미래덩굴, 칡, 등나무도 방법은 서로 다르지만 어떻게든 햇빛을 찾아서 뻗어 나갑니다. 덩굴 식물은 의지할 상대를 찾습니다. 무언가 닿을 때까지 뻗어 가다가 무언가에 접촉하면 덩굴손으로 감아쥐거나 줄기를 이용해 감고 올라갑니다. 식물은 촉감에 대해 꽤 확실하게 반응합니다. 더욱 드라마틱한 반응은 파리지옥이나 미모사의 움직임에서 보입니다. 파리지옥은 잎 안의 감각모를 건드리면 잎을 빠르게 오므려 곤충을 사냥합니다. 미모사는 자극을 받으면 잎을 오므립니다. 자극이 반복되면 무해하다는 것을 알고 더는 반응하지 않는 것은 재미있는 부분입니다. 식물이 동일한 자극을 기억하고 있다는 뜻이기 때문입니다.

군소 씨's 오감 일기 7월 6일
닿았을 때 식물도 안다?

촉감은 안전과 관계가 있으므로 식물에게도 동물에게도 중요한 감각입니다. 사람의 촉각은 5종류의 감각수용체로 나뉩니다. 통점, 압점, 촉점, 온점, 냉점이라는 감각수용체가 자극을 받으면 신경세포를 통해 뇌로 보내집니다. 이때 신경세포가 빠르게 정보를 전달하는데 이것은 전기적 파동을 이용하기 때문입니다. 식물 역시 촉각을 전기적 파동을 통해 감각 정보를 전달합니다. 식물은 뇌에 정보를 전달하는 것이 아니라 온몸에 전달을 하는 것이 차이점입니다. 식물의 촉각에 대한 감각수용체에 대해서는 아직 정확하기 밝혀진 바가 없습니다. 사람처럼 여러 종류의 감각수용체를 지녔는지 궁금합니다. 식물은 어떻게 촉감을 느끼는지 말입니다. 한 가지 바람이 있다면 통점이나 압점은 없었으면 합니다. 식물은 자연에 중요한 에너지 자원으로 늘 누군가의 먹잇감이 되어 부러지고 잘려 나가는데 통증까지 느끼는 건 왠지 불합리한 감각이라고 생각합니다.

군소 씨's 오감 일기 7월 13일
식물의 입은 뿌리

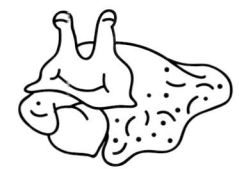

우리는 보통 식물의 땅 위에 드러난 부분만 볼 수 있습니다. 식물의 뿌리를 보는 것은 드문 일입니다. 그날은 절영로에 나무 한 그루가 뿌리째 뽑혀서 가던 길을 되돌아온 일이 있습니다. 식물의 숨겨진 반쪽을 보는 것은 자주 있는 일이 아니라 숲에서 만난 나무뿌리는 상당히 인상에 남았습니다. 나무는 꽤 컸는데 뿌리가 의외로 작았습니다. 지상에서는 초록의 싱그러움이나 꽃의 화사함, 열매의 탐스러움 같이 뭔가 밝고 긍정적인 모습이었다면 지하의 뿌리는 구불구불하고 지저분한 뿌리털과 사이사이 벌레까지 나무의 고생스러움이 느껴지는 모습이었습니다.

뿌리는 식물을 지탱하고 양분을 흡수하는 역할을 합니다. 거기에 더해져 주변 식물과의 네트워크를 연결하고 소통하는 역할도 하고 있습니다. 그 중에서도 양분을 흡수하는 역할에 주목해 보겠습니다. 식물은 호흡으로 탄소를 흡수할 수 있습니다. 하지만 그 외의 필요한 양분은 뿌리를 통해 가져옵니다. 그것도 물에 녹아 있는 상태일 때 흡수가 가능합니다. 물과 함께 세포벽을 통과한 무기염은 원형질 안으로 들어가기 위해서는 식물의 선택을 받아야 합니다. 식물은 자신이 원하는 무기염을 선택적으로 통과시킵니다. 세포 안으로 이동한 무기 양분은 물과 함께 물관을 이용해 양분이 필요한 곳으로 이동합니다. 뿌리가 하는 일은 사람의 입과 비슷합니다. 식물이 원하는 무기 양분을 선택적으로 받아들이듯이 사람도 음식물 섭취를 선택적으로 합니다. 우리가 맛있다고 생각하는 것들은 보통 단맛이나 감칠맛, 짠맛의 오묘한 조화가 이룬 맛입니다. 단맛은 당분의 맛이고 감칠맛은 아미노산의 맛입니다. 짠맛은 나트륨의 맛입니다. 모두 우리 몸에 필요한 성분들입니다. 신맛이나 쓴맛에 대해서 거부감을 느끼는 것도 타당합니다. 신맛은 상한 음식에서 나오는 수소이온의 맛이고 쓴맛은 대개 독성을 띠는 알칼로이드의 맛인 경우가 많습니다. 말 그대로 '달면 삼키고 쓰면 뱉는다'이지요. 맛이라는 것은 결국 우리가 먹어야 할 것과 먹지 말아야 할 것을 구분하는 감각입니다. 차이점이 있다면 식물은 세포막에 있는 수용체에 결합할 수 있는 무기염만 세포 안으로 들어갈 수 있는 것이죠. 즉 식물의 입맛은 변하지 않지만, 사람의 입맛은 학습이나 경험에 의해서 변한다는 것입니다.

군소 씨's 오감 일기 7월 19일
식물은 듣는다?

여름의 숲은
여러 감각 중에서도 한가지
청각에 집중됩니다. '씨웅 씨웅 씨웅 쓰잉'
매미 소리가 모든 감각을 압도해 버립니다. 어쩜
이렇게 시끄럽게 우는지. 그래도 참매미는 울음에 리듬이
있어서 좀 낫지만 숨도 쉬지 않는 듯이 우는 말매미는 혼을
빼놓습니다. 이런 시끄러운 소리가 식물은 괜찮은 걸까요?
아니 식물은 소리를 들을 수는 있는 건가요?

오랫동안 소리는 동물의 영역이었습니다. 청각은 보통 사냥에 많이 사용됩니다. 소리를 듣고 사냥감을 찾거나 사냥꾼으로부터 도망을 치거나 합니다. 짝짓기 할 때는 소리로 '나 여기 있다' '난 매력적인 상대이다'라는 것을 알립니다. 하지만 움직일 수 없는 식물의 경우에는 소리를 듣는 것이 무슨 의미가 있을까 하는 의구심 때문에 식물이 소리를 듣는다는 것에 대해서는 회의적입니다. 하지만 반대로 소리가 식물에게 어떤 정보를 준다면 식물이 소리를 듣는 것이 의미 있는 일이 될 수도 있습니다. 예를 들어 토마토는 뒤엉벌이 수정을 해주어 결실을 맺습니다. 그런데 토마토는 다른 곤충과 뒤엉벌을 어떻게 구별하는 것일까요? 혹시 벌의 날갯짓 파장을 통해서 아는 건 아닐까요? 나무의 뿌리가 물을 찾아 휘어지거나 멀리 가는 것도 물이 흐르는 소리를 듣는 것은 아닐까요? 반대로 식물이 소리를 내는 것은 어떨까요? 소나무나 떡갈나무가 가뭄 때 초음파 진동을 낸다는 실험이나, 토마토나 담배가 상처에 초음파(100~200kHz)의 소리를 낸다는 실험 결과가 있습니다. 식물이 소리를 낸다면 식물이 소리를 듣는 것도 이상하지 않을 것입니다. 어쩌면 식물은 우리가 듣지 못하는 영역의 주파수(사람은 20~2kHz를 들을 수 있습니다)를 사용하고 있는지도 모릅니다.

숲은 고요하다고 생각되지만 숲은 꽤 소란스러운 곳입니다. 봄이면
새소리가 여름에는 매미소리와 정체 모를 풀벌레 소리가 끊이지
않습니다. 특히 바다를 끼고 있는 절영로는 끊임없는 파도
소리가 산책하는 내내 쫓아다닙니다. 이 소리야말로
절영로의 정체성이라고 한다면
과한 생각일까요?

끝없이
이어질 것 같은 여름이 가고 활
동하기 좋은 가을이 왔습니다. 하늘도 맑고 기분도
좋고 이제는 밖에서 걸어다녀도 날씨 때문에 힘들지 않은 계절이
되었네요. 계절의 변화를 느끼는 방법은 사람마다 다릅니다. 누군가는
길거리 사람들의 옷차림을 보고, 누군가는 달력의 장수를 넘기며 계절이 변했
다는 것을 압니다. 봄이면 들려오는 '벚꽃엔딩'으로 계절이 변했음을 느낄 수도
있습니다. 물론 계절에 따라 피는 꽃을 보고 봄이 오고 가을이 왔음을 알 수도
있습니다. 식물은 어떨까요? 식물에게는 계절을 아는 것이 상당히 중요합니
다. 생존과 번영을 위한 기본적인 정보이기 때문입니다. 계절뿐 아니라
밤과 낮을 구분하는 것도 중요합니다. 식물은 빛으로 영양분을
만드는 생물이니 누구보다 출퇴근 시간을 정확히
알아야 합니다.

군소 씨's 오감 일기 9월 25일
식물은 본다. 무엇보다도 잘

식물은 '빛'을
볼 수 있습니다. 사람보다도 잘 봅
니다. 가시광선 외에 적외선과 자외선도 볼 수 있습니다.
사람은 눈으로 빛을 감지합니다. 눈에 있는 광수용체를 통해서 빛을
전자신호로 바꿔 뇌로 사물을 인식하게 됩니다. 그럼 식물은 어디로 보는
것일까요? 식물은 온몸으로 빛을 봅니다. 잠깐 끔찍한 상상을 했습니다. 화분의
나무가 내가 잠들고 나면 감춰두었던 눈을 깜빡이며 '눈을 숨기고 있느라 힘들었
다고 하는 장면 말입니다. 다행히 광수용체는 눈이 아니라 온 몸에 있습니다. 어
찌보면 당연합니다. 식물은 항상 공격을 받습니다. 그런데 중요한 정보를 처
리하는 조직을 한 곳에 몰아 뒀다가는 동물이나 곤충이 그 부분을 먹어
버리면 식물은 살지 못할 겁니다. 그래서 온몸에 광수용체를
두고 어디로든 빛을 보는 것입니다.

사람은
막대세포와 원추세포를 광수용
체로 갖고 있습니다. 식물은 여러 종류의 광수용체를
갖고 있습니다. 광수용체에 따라 흡수하는 빛의 파장이 다릅니다.
식물은 빛의 정보로 많은 기능을 통제하고 활성화합니다. 예를 들어
포토트로핀이란 광수용체는 청색광을 흡수하고 반응하면 성장호르몬 옥신은
반대 방향으로 이동을 합니다. 그러면 식물을 빛 방향으로 자라게 됩니다. 식물은
단순히 빛을 보기만 할까요? 식물이 만드는 꽃과 열매의 다양한 색을 보면 식물이
색을 이해하고 그것을 이용하고 있다는 생각이 듭니다. 특정 곤충에 맞추어 색
을 사용하고 꽃을 만들고 열매가 익기 전에는 잎과 같은 색으로 잘 숨겨
두는 것도 그렇습니다. 식물은 자신이 상대해야 하는 곤충과
동물이 가진 시각적 능력까지 계산해 색을 사용하는
것처럼 느껴집니다.

한여름의 다채로운 카오스 | 박신영

104p. 부처나비, 종이위 연필, 14.8x21cm, 2021

108p. 열점박이별잎벌레, 종이위 연필, 14.8x21cm, 2021

110p. 작은갈고리밤나방애벌레, 종이위 연필, 14.8x21cm, 2021

112p. 청띠제비나비, 종이위 연필, 14.8x21cm, 2021

114p. 호랑거미, 종이위 연필, 14.8x21cm, 2021

116p. 호랑나비, 종이위 연필, 14.8x21cm, 2021

아트워크

절영오도 (絶影五圖) | 김덕희

제1도   바다, 사람, 절영로 - 바다는 사람을 부른다
제2도   묘박지
제3도   절영로의 식물들 - 군소의 시점에서
제4도   절영로 코드 - 자갈에 숨겨진 지구의 비밀
제5도   버려진 것들의 볼레로

박신영　Untitled, 캔버스위 안료와 아크릴, 27.3x22cm, 2021 : 곰솔길 사이로 보이는 하늘

박신영　　Untitled, 캔버스위 안료와 아크릴, 27.3x22cm, 2021 : 모감주나무가 서 있는 자리

박신영　　Untitled, 캔버스위 안료와 아크릴, 27.3x22cm, 2021 : 한숨 돌릴 수 있는 장소

박신영　　Untitled, 캔버스위 안료와 아크릴, 27.3x22cm, 2021 : 해안가로 이어지는 돌계단

박신영　Untitled, 캔버스위 안료와 아크릴, 27.3x22cm, 2021 : 가파른 길의 우연한 행운

박신영　　Untitled, 캔버스위 안료와 아크릴, 27.3x22cm, 2021 : 푸른 바다에서 만난 붉은 다리

절영로 식물 더보기

목본

갈참나무
8월

감나무
7월

감태나무
3월

개나리
3월

개머루
7월

개옻나무
7월

광나무
6월

국수나무
8월

금목서
10월

누리장나무
9월

느티나무
7월

다정큼나무
5월

덜꿩나무
9월

돌가시나무
7월

두릅나무
10월

등나무
9월

말오줌때
10월

매실나무
2월

머귀나무	무궁화
3월	6월
배롱나무	보리밥나무
9월	10월
비목나무	사방오리나무
3월	3월

인동덩굴
5월

자귀나무
6월

족제비싸리
5월

졸참나무
7월

쥐똥나무
10월

진달래
3월

찔레꽃
5월

참싸리
6월

청미래덩굴
3월

칡
7월

팔손이
3월

팽나무
6월

초본

갈퀴꼭두서니
8월

갯고들빼기
10월

갯까치수염
10월

갯쑥부쟁이
1월

거지덩굴
7월

계요등
9월

고마리
9월

광대나물
1월

괭이밥
4월

까마중
8월

꽃마리
3월

낭아초
7월

냉이
3월

닭의장풀
7월

등대풀
4월

떡쑥
4월

무릇
8월

미국쑥부쟁이
10월

미국자리공
7월

미역취
10월

방가지똥
1월

배풍등
9월

뱀딸기
5월

별꽃
3월

삽주
10월

소리쟁이
7월

억새
10월

여우콩
10월

염주괴불주머니
4월

오이풀
8월

자주쓴풀 10월	참나리 7월
큰개불알풀 3월	하늘타리 6월
해국 11월	환삼덩굴 3월

참고문헌

강판권 | **나무열전 : 나무에 숨겨진 비밀, 역사와 한자** | 글항아리 2007
강판권 | **김종원 마을숲과 참살이** | 계명대학교출판부 2007
고정희 | **식물, 세상의 은밀한 지배자 : 식물에 새겨져 있는 문화 바코드 읽기** | 나무도시 2012
김성환 | **꽃 해부도감** | 자연과생태 2020
김영수, 윤종웅 | **이기적인 방역 살처분·백신 딜레마 : 왜 동물에겐 백신을 쓰지 않는가** | 무블출판사 2021
김재승 | **그림자섬(影島)의 숨은 이야기** | 전망 2005
김종원 | **한국식물생태보감 : 주변에서 늘 만나는 식물** | 자연과생태 2013
김종원 | **한국식물생태보감 : 풀밭에 사는 식물** | 자연과생태 2016
김창기, 길지현 | **한반도 외래식물** | 자연과생태 2017
나다나엘 존슨 | **우리가 몰랐던 도시 : 비둘기부터 달팽이까지, 동네에서 자연을 만나다** | 눌와 2018
다나카 오사무 | **식물은 대단하다 : 생존을 위한 구조와 지혜** | 에이케이커뮤니케이션즈 2016
다나카 하지메 | **꽃과 곤충 : 서로 속고 속이는 게임** 지오북 2007
대니얼 샤모비츠 | **은밀하고 위대한 식물의 감각법 : 식물은 어떻게 세상을 느끼고 기억할까?** | 다른 2019
데이비드 조지 해스컬 | **숲에서 우주를 보다** | 에이도스 2014
맥스 애덤스 | **나무의 모험 : 인간과 나무가 걸어온 지적이고 아름다운 여정** | 웅진지식하우스 2019
박상진 | **우리 나무의 세계. 1** | 김영사 2011
박상진 | **우리 나무의 세계. 2** | 김영사 2011
박상진 | **우리 나무 이름 사전** | 눌와 2019
송화순 | **아름다운 우리의 색, 천연염색** 숙명여자대학교출판국 | 2008
실험실C | **부유의 시간 아카이브 북** | 실험실C 2021
스테파노 만쿠소, 알레산드라 비올라 | **매혹하는 식물의 뇌** | 행성B 2016
안희경 | **식물이라는 우주** | 시공사 2021

영도구청 | **신문으로 본 영도의 발자취 -문화. 관광분야를 중심으로** | 영도구청 2011
와일리 블레빈스 | **수상한 식물들 : 다양하고 놀라운 식물의 생존 전략** | 다른 2017
유승훈 | **부산의 탄생 : 대한민국의 최전선에서 거센 물살을 마중한 도시** | 생각의힘 2020
윤주복 | **나무 해설 도감 (주변에서 볼 수 있는 나무의 모든 것)** | 진선BOOKS 2019
이나가키 히데히로 | **식물학 이야기** | 더숲 2019
이나가키 히데히로 | **식물학 수업** | 키라북스 2021
이상윤 | **생물학을 품은 일상** | 퍼브삼육오(Pub. 365) 2017
이소영 | **식물 산책 : 식물세밀화가가 식물을 보는 방법** | 글항아리 2018
이유 | **식물의 죽살이 : 식물을 이해하고 싶다면 꼭 읽어야 할 식물생리학** | 지성사 2019
이지유 | **(별똥별 아줌마가 들려주는)몸 이야기** | 창비 2016
이현아, 황동이 글/김은진 사진 | **영도에 오다 : 이주와 정착 : 2021 부산민속문화의 해 구술생애사 조사보고서 1** | 국립민속박물관 2020
임경빈 | **이야기가 있는 나무백과 1,2,3** | 서울대학교출판문화원 2019
정부희 | **(한국 최초) 먹이식물로 찾아보는 곤충도감** | 상상의숲 2018
정수진 | **식물의 이름이 알려주는 것 : 학명, 보통명, 별명으로 내 방 식물들이 하는 말** | 다른 2020
존 도슨, 롭 루카스 | **식물의 본성 : 한계를 뛰어넘는 식물들의 생존 드라마** | 지오북 2014
차윤정 | **전승훈 숲 생태학 강의** | 지성사 2009
폴커 아르츠트 | **식물은 똑똑하다 : 유혹하고 사냥하고 방어하는 식물** | 들녘 2013
홍선욱, 심원준 | **바다로 간 플라스틱 : 쓰레기와 떠나는 슬픈 항해** | 지성사 2008
황경택 | **숲 읽어주는 남자 : 산책이 즐거워지는 자연 이야기** | 황소걸음 2018
DK 식물 편집 위원회 | **식물 대백과사전** | 사이언스북스 2020
DK 인체 원리 편집 위원회 | **인체 원리 : 인포그래픽 인체 팩트 가이드** | 사이언스북스 2017

영도 디스커버리 총서 03
절영로 식물오감

초판 1쇄 발행 2021년 11월 15일
발행인 영도문화도시센터 고윤정
발행처 영도문화도시센터
기획 영도문화도시센터
       www.ydct.or.kr T. 051-418-1863
       부산광역시 영도구 대평로 27번길 8-8, 2층
지은이 박미라 · 창파 (실험실 C)
아트워크 김덕희 · 박신영
디자인 항구도시(김은영)
일러스트 유주영
인쇄 청산인쇄
펴낸곳 인디펍

ISBN 979-11-6756-043-8 (03810)   정가 16,000원

ⓒ박미라 창파(실험실 씨)

· 이 책은 영도문화도시센터 영도문화도시조성사업의 일환으로 제작되었습니다.
· 이 책에 관한 모든 권리는 영도문화도시센터와 실험실 C가 공동소유하며, 저작권법에
  따라 저작자의 사전 서면 동의 없이 책에 실린 내용을 임의로 사용할 수 없습니다.
· 이 책에 실린 아트워크의 저작권은 각 작가가 소유하며, 저작권법에 따라 저작자의
  사전 서면 동의 없이 책에 실린 내용을 임의로 사용할 수 없습니다.
· 이 책은 숲을 보호하기 위해 친환경 용지 INSPER 에코 $122g/m^2$를 사용해 제작했습니다.

  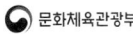